MultiWelt № 1

Dieses Buch nimmt eine Sonderstellung ein. Hier wird eine Haupt-
wurzel der Thelema-Praxis freigelegt. Was sonst Träger eines großen
spirituellen Ganzen ist, wird hier weitgehend isoliert und ins Licht
gerückt. Unsterblichkeit ist ein Menschheitstraum. Sie ist keine Ver-
heißung im Jenseits mehr, kein Geschenk für gläubige Einfalt, sondern
ein Ausdruck des Könnens und Lebenwollens der strebenden, lebens-
bejahenden Seele. Dieses Buch ist wie ein Zeigefinger, man darf nicht
auf den Finger schauen, sondern worauf er zeigt.

Zum Autor

Michael D. Eschner ist einer der wichtigsten
Vertreter der neuen Spiritualität, die Menschen als Schöpfer versteht. Er lebte (für) das
Wassermannzeitalter, über das er in all seinen
Büchern, Vorträgen und Artikeln schrieb.
Kurzvorstellung mit eigenen Worten: „Verwundert beratender Astrologe, nachdenklich-
visionärer Thelemit; Gründer des Thelema-Ordens; gequälter Autor
und Übersetzer diverser Bücher." Michael Eschner (1949 - 2007)
schrieb über 40 Bücher zu Spiritualität, Bewusstseinserweiterung,
Magie und der kulturellen Zeitenwende.

Copyright: © 2016 MultiWelt Verlag, Lehmke
Im Internet: **www.multiwelt-verlag.de**

Alle Rechte vorbehalten. Nachdruck, auch auszugsweise, und jede andere Art der Vervielfältigung sind nur mit vorheriger schriftlicher Geneh-
migung des Verlages gestattet.

2. Auflage 2010
3., 4. Auflage 2016
ISBN: 978-3-942736-17-6

Umschlaggestaltung und Satz: MultiWelt (KG)
Covermotiv: Die feuergeborene Seele

LEBEN WIE DER PHÖNIX

Der Weg zur Unsterblichkeit

Michael D. Eschner

MultiWelt Verlag

Inhaltsverzeichnis

Vorwort zur 1. Auflage

Nostradamus schreibt in Centurie II/13:
Der Körper ohne Seele wird nicht mehr geopfert werden.
Der Tag des Todes gestaltet sich zur neuen Geburt....

Diese Zeit wird etwa 1996 gekommen sein. In diesem Jahr werden die Techniken zur Erlangung der Unsterblichkeit so verfeinert und die Organisation so ausgebaut sein, dass alle geeigneten Menschen am Unsterblichkeits-Programm teilnehmen können. Das Unsterblichkeits-Programm wird seit einigen Jahren entwickelt. Es wird von Unsterblichen geleitet und zur Zeit an die Erfordernisse der Menschen dieses Planeten angepasst. Nur wenige Menschen werden das Konzept Unsterblichkeit begreifen. Die meisten werden in ihrem alten Trott verharren. Für die wenigen Befähigten, welche die evolutionäre Avantgarde der Menschheit sind, ist dieses Buch geschrieben.

Die hier vorgestellten Tatsachen geben dir die Möglichkeit, neu darüber nachzudenken, wie du dein Leben gestalten willst. Es ist deine und nur deine Entscheidung. Alle weiteren Informationen kannst du dem folgenden Text entnehmen. Ich habe versucht, bei den Beschreibungen und Erklärungen so nah wie möglich an Erfahrungen zu bleiben, wie Sterbliche sie haben können. Manche Erklärungsmodelle irdischer Wissenschaftler geben zumindest brauchbare Metaphern für die hier darzustellenden Zusammenhänge. Um dem wissenschaftlichen Brauchtum genüge zu tun, seien hier die Namen einiger Wissenschaftler genannt, deren Modelle ich für die vorliegende Arbeit benutzt habe:

Aleister Crowley
Charles S. Peirce
Karl O. Apel
Niklas Luhmann
Heinz v. Foerster
Gebhard Rusch
Anatol Rapoport
Lee Sannella
Fritz B. Simon
Alexander Lowen
Ludwig Reiter und Egbert Steiner
Peter L. Berger und Thomas Luckmann
W. Machleidt und L. Gutjahr und A. Mügge

Michael D. Eschner
Bergen/ Dumme, 1991

Vorwort zur 2. Auflage

Wer mal einen Logikkurs gemacht hat, kennt das Paradebeispiel für Prämissen und deren logisch zwingende Schlussfolgerung: Aus „Alle Menschen sind sterblich" und „Sokrates ist ein Mensch" folgt „Sokrates ist sterblich".

1. Prämisse:	Alle Menschen sind sterblich.
2. Prämisse:	Sokrates ist ein Mensch.
Konklusion:	Sokrates ist sterblich.

Ein gültiger Schluss! In der Logik geht es um Struktur, nicht um Inhalte von Aussagen. Es ist darum ein bemerkenswerter Zufall, dass gerade diese Satzkette immer wieder als Beispiel herangezogen wird. Zufall oder kein Zufall? Vielleicht eine felsenfeste Annahme über die Welt? Alle Menschen sind sterblich. Ist das so? Woher wissen wir das? Warum ist das so? Wie könnte es anders sein? „Sterben ist selbstverständlich", stellt der Autor Michael D. Eschner fest und greift damit ein Tabuthema auf und auch an – er folgt dem Dogma nicht. Eine Frage, die in unserer Kultur seit Jahrhunderten ausgeklammert wird. Ist mit dem Tod alles zu Ende? Was der Autor MDE mit diesem Buch aufwirft, ist ein Umsturz der kulturellen Überzeugungen von nicht dagewesenem Ausmaß.

„Ich meine den Titel dieses Buches ganz ernst: Leben wie der Phönix - Unsterblichkeit! (...)" Und weiter betont er: „Unsterblichkeit hat nichts mit Frömmigkeit, Mystizismus, Gott oder Himmel zu tun. Immortalist wird man durch ein Training, welches aus (...) der KLEE-Methode besteht. Die KLEE-Methode kann jeder erlernen, also kann jeder unsterblich werden. Meine Botschaft an dich ist ganz einfach: Jeder Mensch kann solange leben, wie er will. Jeder Mensch kann unsterblich werden - auch du!"

Dagegen nehmen sich Botschaften wie „So können Sie 120 Jahre alt werden, So bleiben Sie bis ins Alter fit, Gehirnverjüngung durch Sauerstoffkur..." wie kleine Gimmicks aus.

Die Resonanz auf solche Botschaften stehen zu dieser Tatsache in einem umgekehrten Verhältnis. Woraus ich entnehme: kleine Optimierungen sind erwünscht, solange sie nicht die Prämisse, alle Menschen sind sterblich, selbst in Frage stellen. Die Prämisse in Frage zu stellen oder gar zu bestreiten, würde dazu zwingen, sein Leben viel grundsätzlicher zu überdenken und anders zu leben als nach dem Todesfahrplan.

Soweit meine Einschätzung zum Durchschnittsleser, zur Masse. Und weil die Masse (das sind immer die anderen, ich weiß:)) nicht alles ist, weil es außer ihr noch Einzelne, Ausnahmen, Individualisten gibt, darum erscheint dieses Buch in neuer Auflage.

So klein dieses Buch, gemessen am Umfang, ist, so wegweisend und wichtig ist es. Ein Vergleich mit anderen Ansätzen zu Unsterblichkeit mögen das zeigen. Also, da wären zu nennen:

Die Möglichkeiten, unabhängig vom biologischen Körper zu leben, sind so frappierend grenzenlos, dass die meisten Autoren schwelgend darüber schreiben. Dabei bleibt jede Spur von Rationalität auf der Strecke. Es entstehen Glaubenssysteme und gläubige Jünger. Aus der Aufforderung zur Selbstüberwindung ist ein Heilsversprechen geworden.

Die Möglichkeiten, unabhängig vom biologischen Körper zu leben, sind so anders als die irdischen, dass sie ohne einen entsprechend anderen Lebensentwurf (die Antwort auf die Frage, „Wie will ich leben?") nur Flickwerk bleiben. Phantastisches Flickwerk, aber dennoch ein Lumpen. Statt diese Differenzen didaktisch klug zu vermitteln, ist die Verlockung groß zu sagen: Folgt mir, dann wird alles gut. Ernsthaft Suchende stoßen (wenn, dann) unvorbereitet an die steinharten Grenzen der eigenen Weltbeschreibung und dabei geht immer etwas in die Brüche - Köpfe, Herzen oder Biographien.

Unsterblichkeit, also prinzipiell ewig leben zu können, wird woanders oft als etwas fundamental dem Erdenleben Fremdes, etwas rein Geistiges beschrieben, so dass alles, was man von seinen Mitmenschen weiß über soziale Regeln und Beziehungen, nichtig erscheint. Man denke an ein Rollenspiel, in dem man selbst eine Anfängerfigur auf Level 9 spielt und nur(!) NPCs trifft, die selbst die höchste Charakterstufe erreicht haben, die für die Level9 Figur allmächtig und allwissend erscheinen. Wer will da hin?

An einem anderen Ende der Skala möglicher Weltbeschreibungen gibt es Ray Kurzweil und Scharen von Menschen, die ihre Leben durch biochemische Zusatzstoffe verlängern wollen. So gut, so handlungsrelevant der pragmatische Ansatz ist, bleibt die Frage offen: Wozu? Wozu ist es gut, das Leben zu verlängern, weswegen lohnt es sich? Gewohnheitsgemäß wird Leben eines menschlichen Individuums mit Leben im biologischen Körper gleichgesetzt. Mindestens stellt sich mir da die Frage, ob das alles ist, was das Leben zu bieten hat?

Unter Anhängern von Thelema hält sich die Überzeugung, dass man größere Lebensperspektiven nur im Kontext des Liber Legis besprechen könne. Ich bin sicher, es ist ein notwendiger Gesprächspartner, Helfer und ein Leuchtfeuer und ohne Kontakt zu den Göttern geht keiner diesen Weg. Aber muss es von Anfang an dabei sein? Muss es gleich am Eingang stehen? Nicht unbedingt, sagt der Autor - sonst hätte er dieses Buch nicht geschrieben.

Die eben genannten Schwächen, Vereinfachungen und Verkomplizierungen hat MDE in „Leben wie der Phönix" vermieden. Zwischen magisch-mystischer Tradition und wissenschaftlicher Präzision hat er einen Weg gefunden, um uns die Grundlagen zu zeigen, dass und wie wir leben können.

Das heißt nicht, dass dieses Buch leicht zu lesen ist, wenn man es sich nicht zu leicht macht. Sicher, die Worte sind verständlich und klar. Aber dann lehne dich beim Lesen zurück, schließ die Augen und halte einen Moment inne. Vergegenwärtige dir, was du gerade gelesen hast und überlege, wie du es deinen Eltern, deinem besten Freund oder einer Freundin erzählst. ...

Michael D. Eschner spricht hier ganz direkt, unverblümt und ohne Schnörkel[1]. Er erklärt wenig und stellt oft fest, welche Bedingungen das Leben im Astral hat. Diese Sicherheit bei Fragen nach Leben und Tod werden viele Leser überraschen. MDE spricht als Mensch zu Menschen ... Moment,

---

1 Dazu passt das „Du" in der Anrede des Lesers und der Leserin, das ich mir auch gerade erlaubte. Ich halte es für passend, da das Leben wie der Phönix das Innerste jedes Menschen anspricht. Es geht um unser Erbe, um die Zukunft jedes Einzelnen und der menschlichen Spezies.

ich korrigiere: als Unsterblicher zu Menschen. Damit mutet er dem Leser einen Wechsel der Perspektive zu: Ich bin noch sterblich und – ich kann unsterblich werden. Und es gibt Menschen, die diesen Schritt bereits getan haben. Es liegt an jedem selbst, wie er oder sie damit umgeht und die eigene Zukunft entscheidet.

Knut Gierdahl
Bergen, im November 2010

I.

EINFÜHRUNG

Sterbliche sind seltsame Geschöpfe. Selbst, wenn ihnen die Unsterblichkeit angeboten wird - sie wollen, dass sie angepriesen und mit einer erfolgreichen Werbekampagne verkauft wird. Sterbliche wollen selbst bei dem Angebot der Unsterblichkeit erst wissen, wieviel sie zahlen müssen und was sie für ihr Geld erhalten, so, als sei Unsterblichkeit ein Waschmittel! Diese Reaktion ist Symptom einer Krankheit, der Krankheit des Sterbenmüssens, Mortalität genannt. Für Sterbliche kann das Leben nur eine Krankheit sein, denn ihr Leben endet immer tödlich.

Ich meine den Titel dieses Buches ganz ernst: Leben wie der Phönix - Unsterblichkeit! Wie es ein zeitgenössischer Text ausdrückt: „Der Tod, oh Mensch, ist dir verboten". Ich bin selbst ein Unsterblicher - oder wie wir Unsterblichen es nennen, ein Immortalist. Ich weiß deshalb, wovon ich rede: Sterblichkeit ist eine Krankheit - Heilung ist möglich. Unsterblichkeit hat nichts mit Frömmigkeit, Mystizismus, Gott oder Himmel zu tun. Immortalist wird man durch ein Training, welches aus Komplexität, Lösung, Ekstase und Einpunktigkeit, der KLEE-Methode, besteht. Die KLEE-Methode kann jeder erlernen, also kann jeder unsterblich werden.

Meine Botschaft an dich ist ganz einfach: Jeder Mensch kann solange leben, wie er will. Jeder Mensch kann unsterblich werden - auch du!

Wer unsterblich ist, hat unendlich viel Zeit. Unsterbliche können soviel Wissen, Liebe, Leben und Freiheit erlangen, wie sie wollen - es ist alles nur eine Frage der Zeit.

Sterblichkeit hingegen ist eine Krankheit, welche dir deine Zeit stiehlt. Die Folgen der Sterblichkeit sind die auf diesem Planeten zu beobachtenden kranken Verhaltensweisen, die alltäglichen Pathologien. Nicht nur Krieg, Grausamkeit, Folter, Karriere und Machtstreben sind pathologisch (krankhaft), sondern genauso die alltäglichen Sorgen, Langeweile, hektischer Konsum, Beziehungskisten und all die anderen Methoden der Zeitstrukturierung, mit denen die zum Leben verfügbare Zeit ver-lebt wird.

Wenn Sterblichkeit eine Krankheit ist, dann gibt es nur ein gesundes Verhalten: Erlange deine Unsterblichkeit! Dann kümmere dich um den Rest! Bist du erst einmal unsterblich, sieht vieles anders aus. Vieles, über das du dich jetzt erregst, wird dir dann etwas weniger wichtig erscheinen. Anderes, was du jetzt nicht beachtest, wird sehr wichtig werden. Viele Immortalisten beschreiben das, was ihnen wichtig ist, als Licht, Liebe, Leben und Freiheit.

- **Licht** ist für uns so etwas ähnliches wie Wissen, Selbsterkenntnis und Selbstverwirklichung. Immortalisten würden es unpathetischer als Steigerung der Fähigkeit zur Komplexitätsverarbeitung bezeichnen Komplexität meint: sehr viele Einzelheiten, die sehr vielfältig miteinander verknüpft sind.
- **Liebe** ist für uns eine den Irdischen unbekannte ekstatisch-lichtvolle Form gegenseitiger psychischer Durchdringung.
- **Leben** ist ewiges Leben in Licht, Liebe und Freiheit.
- **Freiheit** meint sowohl die Freiheit von äußeren als auch die Freiheit von inneren Zwängen.

II.

Die Situation von Sterblichen

Überzeugungen und Lebensläufe

Die meisten Sterblichen sind von der Notwendigkeit eines Lebensablaufs in den Perioden Geburt, Kindheit, Jugend, Erwachsener, Alter, Tod überzeugt. Sie sind so sehr davon überzeugt, dass sie nicht einmal auf die Idee kommen, diesen mortalen (tödlichen) Ablauf des Lebens in Frage zu stellen.

Es geht letztlich nur darum, die wenigen Jahre des Lebens auf möglichst angenehme Art totzuschlagen. Der Mensch wird mit der Geburt beginnend sozialisiert, d.h. er wird durch Eltern, Lehrer, Freunde etc. in eine gegebene Kultur eingepasst. Der Lebensinhalt wird meist schon durch die frühe Sozialisation vorgegeben.

Bei dem einen ist Lebensinhalt Karriere in Wirtschaft, Politik oder Wissenschaft. Bei einem anderen mag es Familie und Aufzucht von Nachwuchs sein. Ein Dritter verbringt sein Leben damit, Notleidenden zu helfen und bezeichnet es dann als nützlich.

Viele glauben an einen Himmel, in dem sie nach ihrem Tod weiterleben werden. Andere glauben an Wiederauferstehung und wieder andere an Reinkarnation. Es soll auch Menschen geben, die glauben, dass nach dem Tod alles zu Ende sei.

Sozialisation

An was ein Mensch glaubt, wird zum größten Teil von seiner frühen Sozialisiation bestimmt. Jeder Mensch wächst in einer bestimmten historischen Periode in einer über Jahrhunderte gewachsenen Kultur auf. Diese bestimmt in etwa den Rahmen dessen, was er denken kann.

Weiterhin wächst er bei bestimmten Menschen auf, in einer Familie oder bei anderen Erziehern, die ein bestimmtes Weltbild haben, welches sie bewusst oder unbewusst weitervermitteln.

Das Ergebnis dieser Sozialisation ist ein Mensch, der vielleicht in den Randbereichen seines Weltbildes noch Fragen stellt, insgesamt aber „weiß", was richtig, wahr und gut ist.

Sterben ist selbstverständlich

Die Botschaft: Du musst sterben!, ist selbstverständlicher Inhalt all dieser Sozialisationen. Der Rest dreht sich dann nur noch darum, wie die kurze Zeit des Lebens verbracht wird.

Der Gedanke an Unsterblichkeit wird dir deshalb vielleicht etwas verrückt erscheinen. Du wirst dir darunter vielleicht nicht viel vorstellen können oder nicht wissen, wozu du unsterblich werden solltest.

Aber wenn du leben willst, wirst du umdenken müssen, denn das Leben beginnt erst richtig, wenn du unsterblich bist. Das Leben, welches Licht, Liebe und Freiheit ermöglicht.

III.

WOHER WISSEN WIR VON UNSTERBLICHKEIT?

Probleme der Verständigung

Techniken zum Erlangen der Unsterblichkeit sind seit Jahrhunderten bekannt. Sie wurden jedoch durch Überlieferung und Missverständnisse immer wieder entstellt. Unsterblichkeit kann nicht durch Bücher oder Texte erlangt werden. Die Texte können jedoch Menschen zum Nachdenken anregen. Zum Nachdenken darüber, ob nicht vielleicht doch eine andere Art des Lebens möglich ist.

Nun hatten und haben Immortalisten ein großes Problem: Unsterblichkeit ist für die meisten Menschen nicht verständlich, weder fassbar noch vorstellbar. Immortalisten, welche den Menschen die Unsterblichkeit bringen wollen, können immer nur an die vorhandenen Erfahrungen der Sterblichen anknüpfen. Ihre Lehren unterscheiden sich deshalb je nach historischer Periode und Kultur.

Anfangs wurden durch religiöse Vorstellungen und mythische Erzählungen die Kernideen des ewigen Lebens geformt. Ein frühes Beispiel ist das Gilgamesch Epos. Vollständigere Handlungsanweisungen wurden in den Totenbüchern der Tibeter und Ägypter gegeben. Auch Teile der Bibel, des Alten und des Neuen Testaments, sind von Immortalisten initiiert worden.

Sterbliche haben solche Mythen und Ideen durch Überlieferung, Abwandlung und Priester-Interessen immer wieder ihren vermeintlichen Bedürfnissen angepasst und missverstanden.

Die großen Religionen haben alle einen wahren Kern. Sie lehren jedoch nur grandiose Missverständnisse des Konzepts Unsterblichkeit. Sei es der Himmel der Muslime, die Wiederauferstehung der Christen oder die Reinkarnation der Hindus - sie alle sind unvollständige, verzerrte und missverstandene Reste der Botschaften von Immortalisten.

Religionen entstehen

Wir müssen uns den Vorgang verdeutlichen. Stellen wir uns vor, dass ein Immortalist einer Gruppe von Sterblichen die Techniken zur Erlangung der Unsterblichkeit lehrt. Er unterweist die Schüler in Meditationspraxis, vermittelt Sensibilisierungsübungen, stellt sie vor intellektuelle Herausforderungen, lehrt Techniken der Energetisierung und stellt immer wieder die kleinen Sicherheiten in Frage, auf denen sich jemand ausruht wie ein Schwimmer, der sich auf ein Stück Treibgut stützt und sich ausruht. Der Immortalist vermittelt alle wichtigen Techniken und achtet auf deren Umsetzung - er findet die kleinen Teufel, die sich in den

Details zu verstecken belieben. Was ist das Ergebnis? Einige schaffen es, o.k., wunderbar!

Einige schaffen es nicht. Sie kehren zurück in die Gesellschaft, interpretieren ihre Erlebnisse im Rahmen der herrschenden Glaubensvorstellungen und verkünden dies als neue Lehre. Halbgelernte und unverstandene Techniken, sowie die dadurch auslösbaren Erlebnisse wurden zur Grundlage von Überlieferungen und Religionen. Wer konnte noch die Spreu vom Weizen trennen? Außerdem: Die falschen Lehren passten allemal besser in die Weltbilder der Sterblichen!

Um es ganz klar und unmissverständlich zu formulieren: Religionen können dir kein bisschen helfen. Das ist deshalb so, weil niemand durch ein gutes und frommes Leben automatisch unsterblich wird. Daraus folgt: Lebe nach den Weisungen einer irdischen Religion und du wirst für ewig tot sein.

Warum das so ist, wirst du verstehen, wenn du verstanden hast, wie Unsterblichkeit funktioniert. Wir werden dann noch einmal auf Religion zurückkommen

IV.

WIE FUNKTIONIERT UNSTERBLICHKEIT?

Phantasterei?

Was du in diesem Kapitel liest, wird dir vielleicht etwas phantastisch vorkommen. Du magst denken, es handele sich um Spekulationen oder Glaubenssätze. Lass mich deshalb ganz klar feststellen: Alles, was ich hier schildere, beruht auf **Erfahrung** - nicht auf Spekulation oder Glauben. Alles, was ich hier schildere, **haben schon viele Menschen erlebt**, es sind nicht die Halluzinationen eines Einzelnen. Es gibt viele Immortalisten.

Alles, was ich hier schildere, ist die alltäglich erlebbare Wirklichkeit der Immortalisten. Sie ist, wenn du unsterblich bist, für dich genauso wirklich, wie heute die materielle Wirklichkeit deines alltäglichen Erlebens. Und jetzt - mach dich auf einige Schocks gefasst!

Die Astralebene

Immortalisten haben Zugang zu einer Existenzebene, die den meisten Sterblichen verschlossen ist. In der westlichen esoterischen Literatur wird diese Ebene die Astralebene genannt. Nun ist das meiste, was in der esoterischen Literatur über die Astralebene geschrieben wird, schlicht falsch. Die Schreiber kennen diese Ebene entweder nicht aus eigener

Erfahrung oder sie haben nur einige vage und falsch interpretierte Erlebnisse damit gehabt.

Ich werde den Begriff **Astralebene** hier für eine Existenzebene verwenden, die nicht in unserem Alltagssinne materiell ist. Astral bezeichnet den Inhalt oder den Trägerstoff der Astralebene. Es ist weder Materie noch Energie im irdischen Sinne. Stell dir einen grenzenlosen Raum mit helleren und dunkleren Bereichen, dickeren oder dünneren wirbelnden Nebeln vor - das mag eine ungefähre Ahnung vermitteln.

- **Astralkörper** bezeichnet eine Art Psyche ohne materiellen Körper.
- **Astralsinne** bezeichnet das, womit Astralkörper wahrnehmen.
- **Astralform** bezeichnet die stabileren, trägeren oder geregelteren Erscheinungsformen von Astral, das was mit den Astralsinnen als relativ dauerhafte Form wahrnehmbar ist.
- **Astralfluid** bezeichnet die dynamischeren Erscheinungsformen von Astral, in denen kaum Regeln erkannt werden können oder deren Regeln sich fließend verändern.
- **Geist** bezeichnet die Fähigkeit zur kontinuierlichen Veränderung von Regeln und Gesetzen in Beziehung zu anderen Regeln und Gesetzen.

• **Seele** bezeichnet einen Geist, welcher zur Astralebene in einem ähnlichen Verhältnis steht, wie diese zur materiellen Ebene.

Berücksichtige bitte, dass die hier verwendeten Begriffe und Schilderungen teilweise sehr metaphorisch sind. Ich versuche, dir Sachverhalte zu beschreiben, die in deinem Erleben so nicht vorkommen. Die Situation ist etwa so, als wollte ein Sehender einem Blinden Farben beschreiben.

Der Blinde fragt: „Was bedeutet das Wort ‚weiß‘?" Darauf antwortet ihm der Sehende: „Weiß ist eine Farbe. Schnee ist weiß". Denn was sonst soll man zu so einer einfachen Fragen sagen. Der Blinde grübelt. „Also ist weiß kalt?", setzt er nach einer Pause nach."Nein, weiß ist nicht kalt", der Sehende schüttelt den Kopf. „Es ist eine Farbe. Schafwolle ist auch weiß". Der Blinde kennt Schafwolle, endlich scheint sich die Sache aufzuklären. „Aha", ruft er, „dann ist ‚weiß‘ also sehr weich, so wie fein gesponnene Schafwolle"? Der Sehende ist ratlos: Wie könnte er es noch erklären?

Wir sind etwa in der gleichen Situation wie der Blinde und der Sehende. Dennoch - versuchen wir es!

Vom Zombie zum Unsterblichen

Wenn ein Mensch geboren wird, dann sehen Sterbliche einen materiellen Körper. Immortalisten sehen etwas mehr. Sie sehen eine Art hauchfeines Feld aus Astral, welches den Körper umhüllt und durchdringt. Dieses Feld nennen wir den Astralkörper. Weiterhin sehen sie in diesem Astralfeld einen kleinen helleren Bereich. Diesen nennen wir die Seele, welche hier erst ein Seelenfünkchen ist.

Ein Neugeborenes besteht also aus dem materiellen Körper, dem Astralkörper und der Seele. Metaphorisch kann man sich in etwa vorstellen, dass der Astralkörper Kraft oder Energie darstellt und die Seele eine Art übergeordneter Form oder Struktur. Interessant ist nun, dass diese drei Bestandteile sich unabhängig voneinander entwickeln.

Die Entwicklung eines Neugeborenen kann im Laufe des Lebens in verschiedene Richtungen gehen. Ich unterscheide hier drei Ebenen mit einigen Zwischenstufen, es sind jedoch alle denkbaren Zwischenzustände möglich:

1. Tod: Der Geist erstarrt.

1.1 Zombie: Astralkörper und Seelenfünkchen schwinden immer mehr. Noch während des materiellen Lebens verglimmt das Seelenfünkchen. Der

Mensch ist schon während seines materiellen Lebens für immer tot.

1.2 Sterben: Astralkörper und Seelenfünkchen schwinden immer mehr. Wenn der Mensch stirbt, ist so wenig übrig, dass ohne die materielle Grundlage der Rest verfliegt, bevor eine Reinkarnation stattfinden kann. Es bleibt nichts übrig - der Mensch ist für immer tot.

2. Reinkarnation: Der Geist bleibt erhalten oder wird etwas stärker. Astralkörper und Seelenfünkchen werden nicht schwächer, aber auch nicht viel stärker. Nach dem Tod des Körpers bleibt ein Astralbaby übrig, welches blitzartig zur nächsten Empfängnis schießt - und hoffentlich dort ankommt, bevor es sich aufgelöst hat.

2.1 Astralwesen: Der Astralkörper wird stärker, das Seelenfünkchen schwächer. Wenn der Mensch stirbt, bleibt ein Astralkörper fast ohne Seele übrig. Diese Wesen sind ein astrales Äquivalent der irdischen Tiere. Sie können astral sehr lange leben, sind aber nicht unsterblich und müssen irgendwann wieder reinkarnieren oder lösen sich auf.

2.2 Seelenwesen: Der Astralkörper wird schwächer, die Seele stärker. Wenn der Mensch stirbt, geht ein großer Teil der Seele verloren. Der schwache Astralkörper allein kann die Seele nicht zusammenhalten.

Je schneller die Reinkarnation erfolgt, desto mehr Seele bleibt erhalten.

3. Immortalist: Der Geist wird ausgewogen stark. Astralkörper und Seelenfünkchen werden so gekräftigt, dass sie nicht mehr auf einen materiellen Körper angewiesen sind. Die „Gesellschaft des Himmels" wird um einen Immortalisten reicher.

Wie ein Mensch sich entwickelt, ist nur von ihm selbst abhängig. Es ist genauso, als wenn du einen Beruf erlernst. Du bist derjenige, der lernen muss, kein anderer kann es für dich tun. Lernst du nicht selbst, wird dir nichts helfen. Du kannst zwar auf göttliche Gnade vertrauen, aber dann wirst du deine Identität verlieren, für immer und ewig tot sein und höchstens als Astraltier ohne Intelligenz vegetieren.

Unsterblichkeit wird durch Entwicklung der zarten Astralhülle zu einem kräftigen Astralkörper und des Seelenfünkchens zu einem Seelenfeuer, zu einer kräftigen Seele, erreicht. Der Mensch, welcher das geschafft und die darin liegenden Möglichkeiten des Astrallebens erkannt hat, ist ein Immortalist. Auf die Möglichkeiten, welche sich daraus ergeben, werden wir im nächsten Kapitel eingehen.

Die meisten Menschen haben nach dem Tod soviel Astralkörper und Seele, dass sie reinkarnieren können. Sie behalten jedoch nur kleine Reste ihrer alten Identität übrig, die sie im neuen Leben bald vergessen.

Wie lange ein Mensch zwischen zwei Reinkarnationen auf der Astralebene verbringen kann und verbringt, hängt von seinem Geist, d.h. der Stärke seines Astralkörpers, der Struktur seiner Seele und seinem Weltbild, ab.

Man muss dazu wissen, dass die Astralebene sich sehr leicht den Wünschen und Gedanken anpasst. Sie ist geistiger als die materielle Ebene. Wer Gottvater erwartet, wird ihn erleben (s. Seite 35). Wer ein Totengericht mit Maat und Anubis erwartet, wie die alten Ägypter, wird auch das erleben. Manche Menschen sind so sehr in irdische Interessen verstrickt, dass sie die Astralebene sehr erdähnlich, einschließlich Finanzamt, Familie und Auto, erleben. Bei Menschen, die in solchen Täuschungen verharren, erstarrt der Geist und sie lösen sich früher oder später auf oder treiben der Reinkarnation zu. Alles geht wieder von vorn los - und wer weiß, wie es diesmal ausgeht.

Wer jedoch eine angemessene Vorstellung von den Möglichkeiten der Astralebene hat, kann, selbst wenn er etwas schwächer ist, versuchen, dort die Immortalität zu erreichen. Das ist jedoch nur möglich, wenn er in seinem irdischen Leben schon entsprechende

Voraussetzungen erworben hat. Darauf werden wir beim Immortalitäts-Training näher eingehen.

Irdische Religionen

An den vier Möglichkeiten der Entwicklung können wir nun sehen, dass die Religionen teilweise das Richtige lehren. Das Dahinvegetieren als Astralwesen ohne Seele entspricht der Hölle, Reinkarnation ist eine Stufe weiter und die Immortalisten sind die „Gesellschaft des Himmels" - allerdings ohne Gottvater etc.

Damit das nicht missverstanden wird: Die Lehren der irdischen Religionen sind zwar größtenteils Missverständnisse, das besagt jedoch nicht, dass es keinen Gott gäbe. Es zeigt nur, dass die irdischen Religionen fehlerhaft sind, dass man über Religion neu nachdenken muss. Auch das kann man mit den Erfahrungen eines Immortalisten sehr viel besser als jeder Sterbliche.

Der größte Fehler der Religionen liegt darin, dass sie ihre Gläubigen in falscher Sicherheit wiegen - und dadurch zum Tode verurteilen. Selbst die christlichen Mystiker, welche teilweise die Kraft zur Unsterblichkeit entwickelt hatten, waren auf ihrem Glaubenshintergrund nicht in der Lage, ihre Astral-Erlebnisse richtig zu interpretieren. Viele von ihnen können heute noch als Astraltiere beobachtet werden.

Intensiver, inbrünstiger und feuriger Glauben stärkt den Astralkörper. Deshalb haben manche Mystiker soviel Geist, dass sie Wunder wirken können. Ein einfacher und geradliniger, jedoch inbrünstiger Glaube ist eine der einfachsten Möglichkeiten, den Astralkörper zu entwickeln. Das Problem ist nur, dass die Seele dabei auf der Strecke bleibt.

Die Ausbildung intuitiv-intellektueller Fertigkeiten, präzises und kreatives Denken in hochkomplexen ästhetischen Mustern, schafft Struktur und Klarheit. Dadurch wird die Seele entwickelt. Von allen heutigen Religionen ist der Tibetische Buddhismus am effektivsten. In seiner Lehre werden sowohl intensive Glaubensübungen als auch exzessive intellektuelle Praxis gefordert. Praktisch wird diese Religion so jedoch nur von Mönchen ausgeübt, welche heute die Meditationen zugunsten der intellektuellen Ausbildung zu sehr vernachlässigen. Außerdem sind die Methoden des Buddhismus nicht mehr zeitgemäß. Sie sind einer vergangenen Kultur angepasst und waren in dieser sehr effektiv. Heute können sie zwar immer noch funktionieren, aber es gibt effektivere Methoden. Die meisten anderen Religionen erzeugen bei ihren Gläubigen im besten Fall dicke Astralkörper. Diese Astralkörper können so kräftig sein, dass sie ohne materiellen Körper eine gewisse Zeit überleben, dann jedoch reinkarnieren müssen. Ist die Seele aber völlig verflogen, leben sie nur als Astraltiere weiter.

V.

WIE LEBEN IMMORTALISTEN?

Was heißt Unsterblichkeit?

Unsterblichkeit in der hier gebrauchten Bedeutung heißt nicht, dass es unmöglich wäre zu sterben. Es heißt nur, dass du nicht mehr an Altersschwäche sterben musst. Es heißt, dass du prinzipiell unendlich lange leben kannst - aber es ist keine Garantie dafür, dass du unendlich lange lebst.

Wir müssen also Unsterblichkeit und Unzerstörbarkeit unterscheiden. Wir sprechen hier davon, dass und wie Menschen unsterblich werden können, nicht jedoch davon, dass oder wie sie unzerstörbar werden können.

Ernährung

Immortalisten müssen sich, wie Sterbliche auch, ernähren. Es ist etwas schwierig zu erklären, wie das geschieht. Einfacher ist es, eine Analogie für das Verhungern zu finden. Immortalisten verhungern, wenn sie nicht mehr genug Komplexität oder Licht umsetzen. Es ist ein psychisches Verhungern durch Langeweile und Erstarrung des Geistes.

Der materielle Körper braucht materielle Nahrung. Diese wird in Stoffwechselprozessen in die lebensnotwendigen Energien, Mineralien etc. umgesetzt. Aber nicht nur der Körper, auch die Psyche von

Sterblichen, bedarf der Nahrung. Die Nahrung der Psyche besteht aus Stimuli, aus der aktiven Beschäftigung mit einer komplexen und abwechslungsreichen Umwelt. Wenn dies nicht gegeben ist, sinkt die Intelligenz, wie in Experimenten gezeigt wurde, sehr schnell dramatisch ab.

Für Immortalisten ist das astrale Äquivalent zur psychischen Nahrung die wichtigste Energiequelle. Sie beginnen abzusterben, wenn der Geist erstarrt. Sie verlieren ihr Licht. Aber, ob und wann das geschieht, dafür ist jeder Immortalist selbst verantwortlich.

Vampirismus

Es gibt einige unfeinere Möglichkeiten der Nahrungsbeschaffung. Fans von Horrorliteratur ist sie unter der Bezeichnung Vampirismus bekannt. Vampire saugen den Astralkörper von Sterblichen auf. Die Aufnahme von Blut ist häufig ein Nebeneffekt, da Astralfluid über das Blut leicht abzuzapfen und aufzunehmen ist. Diese Art der Ernährung entspricht etwa der Ernährung durch Infusion bei Sterblichen.

Im Allgemeinen merken Sterbliche nicht sehr viel davon, wenn sie vampirisiert werden: Eine plötzliche, lähmende Müdigkeit, manchmal auch eine unerklärliche Schwäche, welche einige Tage andauert.

Der Schaden, der dadurch angerichtet wird, ist oft sehr groß, wenn auch äußerlich materiell nach einigen Stunden oder Tagen meist kaum noch zu bemerken. Oft bleiben Zombies zurück, meist reicht die verbleibende Kraft nicht einmal mehr zur Reinkarnation.

Eine mildere Art der Vampirisierung findet unter Sterblichen recht häufig statt. Es gibt Menschen, die aufgrund von Charisma oder Autorität Bewunderer haben, bei denen sie unbewusst-automatisch vampirisieren. Diese Menschen fühlen sich natürlich besonders wohl, wenn sie von glühenden Bewunderern umgeben sind, denn diese sind für ihre Vampirisierungen weit offen. Auch in Menschenmassen finden Nivellierungen der Astralkörper statt, die stärkeren werden etwas geschwächt, die schwächeren werden stärker. Das Ausmaß des Austauschs ist jedoch meist unschädlich, es kann sogar förderlich sein, da der Astralkörper flüssiger wird.

Gefährlicher ist die Vampirisierung durch Astraltiere, da diese oft eine hypnotisierende Wirkung auf ihr Opfer ausüben. Das Opfer schneidet sich dann z.B., so dass Blut austritt, über welches das Astraltier einen leichteren Zugang zum Astralkörper bekommt.

Eine der gefährlichsten Formen des Vampirismus üben wunderwirkende Heilige und Gurus aus.

Dieses Thema wird im Kapitel „Magie und Parapsychologie" behandelt.

Besessenheit

Immortalisten sind auch in der Lage, den Körper eines Sterblichen zu übernehmen. Zu diesem Zweck wird der Astralkörper sozusagen aus dem materiellen Körper herausgezogen - und der Immortalist schlüpft hinein. Die meisten Menschen, denen dies geschieht, erleiden dabei schwere Schäden. Entweder, weil ihr Astralkörper sich auflöst oder weil sie wahnsinnig werden. Dieses Phänomen ist unter der Bezeichnung Besessenheit bekannt und man sollte nicht annehmen, dass die traditionellen Mittel der Kirchen gegen Besessenheit auch nur im geringsten helfen könnten.

Bei den Formen der Besessenheit, welche von anderen Sterblichen erkannt werden können, handelt es sich jedoch nicht um Besessenheit von einem Immortalisten, sondern um Besessenheit von Astraltieren. Sie werden von Sterblichen gewöhnlich als Dämonen bezeichnet und verfügen nur über ziemlich geringe Intelligenz. Gegen diese Art der Besessenheit können kirchliche oder psychotherapeutische Mittel helfen. Die beste Hilfe ist jedoch ein einfühlsamer geliebter Mensch, der sich um den Besessenen kümmert.

Wird der Astralkörper bei der Besessenheit vom materiellen Körper getrennt, so sind die Folgen davon abhängig, wie weit der Astralkörper entwickelt ist. Ein schwacher Astralkörper kann sich sehr schnell verflüchtigen, ein starker mag überleben und später wieder in seinen Körper zurückkehren oder reinkarnieren.

Sowohl bei Vampirismus als auch bei Besessenheit handelt es sich um Auswüchse, welche für Immortalisten nicht sehr interessant sind und nur in Notfällen angewendet werden.

Wollte ein Immortalist inkarnieren, also einen menschlichen Körper annehmen, so würde er entweder den Weg über die normale Geburt nehmen oder einen Zombie besetzen. In beiden Fällen sind die Folgen eher positiv, jedenfalls wird niemand geschädigt.

Kommunikation

Es gibt z.B. Formen der gleichzeitigen Kommunikation auf verschiedenen Ebenen, bei denen die Mitteilung durch eine Art Austausch von Wahrnehmungen stattfindet. Man lernt dadurch andere Immortalisten sehr viel intimer kennen, als es mit irdischen Mitteln möglich ist. Die Verständigung wird mehr zum Verstehen, weil mehr Inhalte gleichzeitig übermittelt werden können.

Andere Kommunikationsformen benutzen Ekstasen als Sprache. Die Information wird in diesem Fall gemeinsam erzeugt und interaktiv geformt, bis eine Wahrnehmung entsteht, mit der alle Beteiligten einverstanden sind.

Magie und Parapsychologie

Immortalisten können fast beliebig **Wunder** wirken bzw. magische oder parapsychologische Phänomene erzeugen. Sie können biologische Organismen heilen, materielle Gegenstände bewegen ohne wahrnehmbare Einwirkung und auch Materielles erschaffen. Das Problem ist nur, all das kostet Energie.

Grundsätzlich wäre es möglich, dass sich ein Immortalist in einen materiellen Körper begibt und diesen ewig jung und am Leben erhält. Nur, das wäre fast ein full-time-job. Er könnte kaum noch etwas anderes tun, als die erforderlichen Energien zu besorgen, um alle **Alterungsprozesse zu stoppen**. Es wäre auch nicht viel einfacher, den Körper z.B. alle 20 Jahre zu verjüngen, denn das würde entsprechend mehr Energie zu diesem Zeitpunkt erfordern.

Es gibt Sterbliche, die geringe **telekinetische Leistungen** erbringen können. Andere haben die Fähigkeit zu **heilen**. Fast jeder hat die Fähigkeit, das Wachstum von Pflanzen zu fördern. All diese Arten von Leistungen werden durch den Einsatz von Astralfluid vollbracht. Jeder, der solche Fähigkeiten einsetzt, erleidet einen Kraftverlust. Wäre es nur ein Verlust materieller Energie, so könnte sie durch Nahrung und Ruhe ausgeglichen werden. Es geht jedoch Astral verloren, welches durch materielle Nahrung kaum ersetzbar ist.

Wenn solcherart begabte Menschen das verlorene Astral nicht ersetzen, verlieren sie ihre Kräfte früher oder später. Im schlimmsten Fall werden sie Zombies. Beherrschen sie allerdings irgendeine Technik, sich astral zu ernähren, so können sie durch den ständigen Umsatz von Astralfluid größere Kräfte erlangen.

Oft haben gerade Anfänger das Gefühl, nach einer erfolgreichen Heilung oder einem erfolgreichen Telekinese-Experiment einen Kraftzuwachs gewonnen zu haben. Das erklärt sich durch den energetisierenden Effekt von Freude und Erfolg. Nicht nur die verlorene Energie kommt sofort zurück, sondern noch etwas mehr. Freude ist nicht nur ein Gefühl, sondern auch eine Technik, den Astralkörper zu stärken. Ist der Reiz des Neuen jedoch weg, lassen

Freude und Erfolg schnell nach und Ermattung tritt auf.

Es gibt einige sogenannte Heilige oder Gurus, welche häufig Wunder wirken. Sie haben natürlich einen besonders hohen Energiebedarf, welchen sie bei ihren Gläubigen auffrischen. Diese Art Vampirismus kann, wegen des hohen Energiebedarfs, zu schweren Schäden an den Astralkörpern der Gläubigen führen.

Licht

Viele Immortalisten, sogenannte Forscher, verbringen Jahrtausende damit, das von uns Licht genannte Wissen zu erlangen. Es handelt sich dabei nicht um Buchwissen, sondern um Erfahrungen, welche Geist und Struktur des Immortalisten verändern. Zu diesem Zweck werden oft Simulationen gestaltet, d.h. Umgebungen, in denen die zu erforschenden Verhältnisse vereinfacht nachgebaut sind. An Simulationen nehmen die Forscher meist selbst teil. Sterbliche würden solche Simulationen als Schöpfung bezeichnen.

Sowohl die Simulationen als auch die Forschungen haben nur wenig Ähnlichkeit mit wissenschaftlichen Experimenten. Es sind lebendige und nicht vorhersagbare Erfahrungen, jedoch in einem sorgfältig ausgewählten Rahmen. Man könnte fast sagen, es sei eher Kunst als Wissenschaft. Die Simulation ist ein Teil der Astralebene, in dem stabilere Verhältnisse geschaffen werden, welche dem Forscher bestimmte Klassen von Erfahrungen ermöglichen.

Die Rahmenparameter und ein paradigmatisches Modell der Simulation werden mit mathematischer Präzision vorgewählt. Dann werden meist nur sehr wenige Grundregeln und die Startparameter erarbeitet. Ist dieser Anfangszustand installiert, wird die Simulation sich selbst überlassen. Sie könnte sich dann z.B. zu einem materiellen Universum mit Sonnen und Planeten wie der Erde entwickeln. Die Forscher warten ab und beobachten, was geschieht. Ob sich z.B. Leben entwickelt und welche Art von Leben. Erfüllt die Simulation ihre Erwartungen, begeben sie sich selbst als Teilnehmer in die Simulation hinein. Forscher, die mit solchen Universum-Simulationen arbeiten, werden Demiurgen genannt.

Die meisten interessanten Wissensinhalte können nicht gelehrt, sondern nur selbst erfahren, selbst gelebt werden. Forschungen quasi-physikalischer Art sind nur am Anfang interessant. Später verlagert sich das Interesse zu hochkomplexen psycho- und soziologischen Fragen mit Blick auf die eigene Weiterentwicklung in Richtung mehr Geist.

Schöpfung

Eine interessante Zwischenphase vieler Forscher ist der Drang, selbst Lebewesen, insbesondere intelligente, zu erschaffen. Dazu muss man wissen, dass nur Immortalisten als gleichwertig intelligentes Leben gelten. Menschen sind Kinder, eine Lebensform, von der erwartet wird, dass sie gleichwertig intelligentes Leben, also Immortalisten, hervorbringt, die aber selbst nicht sonderlich intelligent ist. Das heißt nicht, dass Immortalisten Sterbliche als minderwertig oder entartet ansehen, sondern nur, dass Sterbliche für sie so etwas sind, wie sehr kleine Kinder - von denen viele sich weigern, groß zu werden.

Bei dem Versuch, Leben zu erschaffen, merken die Forscher irgendwann, dass selbst Immortalisten nur die Grundlagen für intelligentes Leben erschaffen können. Diesem Grundlagenwerk muss viel Zeit gelassen werden, damit sich Selbstbewusstsein, Intelligenz und autonomes Streben entwickeln können. Manche Immortalisten brauchen sehr lange, bis sie begreifen, dass dieser Prozess um so schneller geht, je weniger sie sich als Übervater einmischen. Erst, wenn sie es lernen, als Gleichberechtigte unter ihren Geschöpfen zu leben, können sie - manchmal - einigen helfen, Immortalisten zu werden.

Die Kinder der Immortalisten

Es mag nun verwundern, dass Immortalisten aus Simulationen von Immortalisten hervorgehen. Es ist jedoch keine andere Möglichkeit bekannt, Nachwuchs zu erzeugen. In den Simulationen herrschen stabilere Verhältnisse als auf der Astralebene. Die Entstehung einer Seele erfordert ein Mindestmaß an Stabilität, welches unter den normalen Verhältnissen der Astralebene nicht gegeben ist. Die Lebewesen, welche in simulierten Welten entstehen, sind die Kinder der Immortalisten. Von ihnen wird erwartet, dass sie der Krippe, also der Sicherheit und Stabilität materieller Universen, entwachsen und sozusagen erwachsen, also Immortalisten werden.

Die Große Mutter vieler Naturreligionen ist eine Vorstellung, welche oft gar nicht so sehr falsch ist. Es gibt Immortalisten, welche, genauso wie Eltern auf der Erde, ihre Kinder liebevoll großziehen - indem sie ihnen eine optimale Umwelt zur Verfügung stellen.

Jehova und die Erde

Wem nun die Vermutung kam, dass auch die Erde, genauer unser Universum, das Produkt des Forschungsdranges von Immortalisten ist, liegt richtig. Jehova war einer von ihnen - später trat er als Jesus auf. Jehova hatte damals eine Auseinandersetzung mit einer Gruppe von Demiurgen, welche in der hebräischen Mythologie als die **Könige von Edom** benannt wurden. Es ging dabei darum, ob die Erde einfacher, redundanter und ordentlicher oder komplexer, chaotischer und zufälliger sein sollte.

Einige Versuche mit Strukturen, welche chaotischer waren als die heutigen, scheiterten. Der Grund dafür waren oft Jehovas ordnende Eingriffe. Er setzte dann irgendwann seine Vorstellungen von einer insgesamt ordentlicheren und, wie er meinte, planbareren Welt durch. In der Rolle des Befehls- und Rächergottes musste er später feststellen, dass die Menschen doch nicht so planbar waren, wie er gehofft hatte. So verfiel er auf die Konstruktion der Jesus-Rolle. Die direkten und gewaltsamen Interventionen von Jehova wurden nun durch Manipulation per Dankbarkeit, Liebe etc. ersetzt.

In anderen Teilen des Universums und dieses Planeten hatten andere Immortalisten ihre Forschungen parallel betrieben. Shiva schien im indischen Subkontinent teilweise recht gute Erfolge mit der Kundalini-Technik, einer Art Schnellkurs für Immortalisten, zu haben. In Ägypten setzten Isis, Nun, Horus und andere auf ein langsameres Vorgehen. Das Ergebnis all dieser Experimente ist bekannt – es ist die heutige Welt. Letztendlich kam bei allen direkten Versuchen, die Entwicklung von Menschen zu steuern, nichts heraus. Die Menschen wurden dadurch nicht schlechter, aber sie entwickelten sich auch nicht schneller.

Es kam eine Zeit der Verwirrung, in der ohne jegliche Intervention fast nur noch beobachtet wurde. Die Könige von Edom, welche auf mehr Komplexität und weniger Stabilität setzten, gewannen durch subtile Interventionen wieder Einfluss auf den Lauf der Geschichte. Ihre Interventionen sind jedoch nicht darauf gerichtet, den Menschen vorzuschreiben, was sie zu tun haben. Ganz im Gegenteil, sie setzen auf Freiheit. Edomitische Interventionen sind indirekt orientierend. Sie bestehen z.B. darin, Ideen anzuregen.

Andere Tätigkeiten

Forschungsprojekte, wie die Erde und dieses Universum, gibt es viele. Viele Universen haben andere Naturgesetze als das unsere. Viele Demiurgen sind mit sehr viel komplexeren Universen und Lebewesen befasst.

Es gibt noch sehr viel mehr und andere Tätigkeiten von Immortalisten. Für die meisten dieser Tätigkeiten gibt es jedoch kein irdisches Äquivalent, keine irdische Erfahrung, an die ich anknüpfen könnte. Ich habe deshalb keine Möglichkeit, sie zu schildern. So müssen die genannten Beispiele, welche ja jeden Menschen ein wenig betreffen, genügen.

VI.

WARUM IMMORTALIST WERDEN?

Offene Fragen

Warum sollte man unsterblich werden? Eine Frage, die mir früher sehr seltsam erschien. Mir schien immer, die Frage zeigt, dass der Fragesteller kein Interesse am Leben hat. Schaut man allerdings genauer hin, wird der Hintergrund der Frage sichtbar und die Frage verständlicher. Genauer hinschauen heißt, die Lebensumstände von Sterblichen zu beobachten. Es gibt drei Probleme:

1. Viele Sterbliche können sich nicht vorstellen, dass Unsterblichkeit möglich ist.
2. Viele Sterbliche können sich nicht vorstellen, was sie mit soviel Zeit anfangen sollen.
3. Fast alle Sterblichen verdrängen die Tatsache ihrer Sterblichkeit, solange sie es irgendwie können.

Verdrängung

Das dritte Problem ist das schwierigste, denn es führt dazu, dass das Problem der Sterblichkeit nicht einmal vernünftig diskutiert werden kann. Das Thema „Tod" wird abgelehnt, lächerlich gemacht oder rationalisiert. Der Verweis auf das von der Religion versprochene ewige Leben im Himmel ist in den letzten Jahrzehnten seltener geworden, sehr heftige emotionale Anfeindungen gegenüber jenen, die das Thema aufgreifen, häufiger. Gewöhnlich bemüht sich der moderne Mensch, eine flapsige Haltung einzunehmen: Na, da müssen wir halt durch. Es ist ja nicht zu ändern.

Diese Reaktionen sind verständlich – solange es kein Entrinnen gibt! Wenn es aber eine Möglichkeit gibt, den Tod zu überwinden, dann sind diese Reaktionen langfristiger Selbstmord. Die Entscheidung zwischen Selbstmord oder Leben muss jeder Mensch für sich selbst treffen.

Das größte Hindernis ist die Angst vor dem Tod. Wagt es ein Mensch jedoch erst einmal, dieser Angst in die Augen zu sehen, kann er sich ihr stellen und seine Entscheidung treffen: Leben! Dann wird aus der Angst vor dem Tod die Motivation zum Leben, die Motivation zum Erlangen der Unsterblichkeit. Diese Motivation verleiht dem Menschen die Kraft und Zähigkeit, all seine Kräfte einzusetzen und Immortalist zu werden.

Langeweile

Das zweite Problem, was soll ich mit soviel Zeit anfangen, basiert meist auf einer Fortschreibung des gegenwärtigen Zustandes. Man steht auf, geht arbeiten, hat einmal im Jahr Urlaub. Wer wollte so schon ewig leben? Diese Einstellung basiert auf einem bedauerlichen Mangel an Phantasie, den man bei kreativ-aktiven Menschen nicht antrifft. Die Einstellung zeigt sehr simples Denken, welches die unendliche Komplexität der Welt auf den Hinterhof des Bekannten reduziert. Hier kann man nur einen Rat geben. Steigere deine Komplexität, damit du mehr Möglichkeiten, mehr Auswahl, mehr Interessen gewinnst!

Wie das im Einzelfall geschehen sollte, kann nur im konkreten Fall entschieden werden. Dem einen könnte man zu Meditation raten, dem anderen zur Erweiterung seines sozialen Umfelds, dem nächsten zum Besuch einer Volkshochschule und wieder einem anderen zu einer Reise.

„Unsterblichkeit ist unmöglich!"

Dieses Problem haben die Menschen, welche so stark in ihr Weltbild verstrickt sind, dass sie Immortalisten und Unsterblichkeit für Spinnerei halten - obwohl sie vielleicht an die Unsterblichkeit im Himmel glauben. Solchen Menschen kann man nur zu der heute so beliebten wissenschaftlichen Methode raten: Ausprobieren.

Dieses Thema behandeln wir im Kapitel „KLEE – die Methode" weiter: Dort geht es um die Frage, wie man die Unsterblichkeit erlangt.

Ohne Erfahrung ist es unmöglich zu entscheiden, was möglich oder unmöglich ist. Noch vor 100 Jahren galten Flugzeuge, Autos, Fernsehen etc. als unmöglich. Ein Wissenschaftler wies nach, dass Eisenbahnen unmöglich seien, weil die Menschen bei den hohen Geschwindigkeiten ersticken würden. Ein Mensch des 19. Jahrhunderts würde heute in einer Welt voller Unmöglichkeiten leben!

Selbsterkenntnis

Abgesehen von den behandelten Problemen hat Unsterblichkeit einige Vorteile. Der erste und offensichtlichste ist: Du lebst! Für mich war Demiurgie ein ziemlich überzeugendes Argument – denn sie bietet unendlich viele Möglichkeiten dynamischästhetischer Gestaltung. Ein anderer Vorteil, der vielen nicht sofort ins Auge fällt, lässt sich wie folgt formulieren: Wenn unendlich viel Zeit zur Verfügung steht, lassen sich auch unendlich schwierige Probleme lösen. Einfacher gesagt: Egal was du willst, als Unsterblicher kannst du es erreichen!

Eines der schwierigsten Probleme des Menschseins wurde schon von den alten Griechen von ca.

2000 Jahren formuliert: Erkenne dich selbst! Diese Aufforderung läuft heute unter Problemtiteln wie: Erleuchtung, Wahrer Wille, Sinn des Lebens, sein Selbst kennenlernen, Kenntnis von und Konversation mit dem Heiligen Schutzengel, Selbstverwirklichung usw. Wir werden im Folgenden von Selbsterkenntnis sprechen.

Selbsterkenntnis ist paradox. Um dich selbst zu erkennen, musst du dir ein Modell von dir selbst machen. Dieses Modell ist jedoch auch ein Teil von dir. Um dich selbst zu erkennen, musst du dir also ein Modell von dir machen, welches dieses Modell enthält. Für das zweite Modell trifft das Gleiche zu, du brauchst wieder ein neues Modell, welches das alte enthält usw.

Ein zweites Problem der Selbsterkenntnis besteht darin, dass schon die Modellbildung und jede Modellveränderung das Abgebildete, also dich, verändert. Auch dieser Kreislauf ist uneinholbar.

Um dich selbst zu erkennen, müsstest du sozusagen aus dir selbst herausspringen und dich von außerhalb beobachten können. Das wird Metaerkenntnis genannt. Es ist Erkenntnis von Erkenntnis und Erkenntnis des Erkennenden.

Diese Art von Denken ist nur der befreiten Seele möglich, d.h. der Seele, welche nicht mehr den Bindungen des materiellen Körpers unterliegt.

Hat sich der Astralkörper vom materiellen Körper gelöst, bemerkt man eine schlagartige Verfeinerung des Denkens, eine Klarheit des Denkens, welche vorher nie erlebt wurde. Wenn sich dann im Laufe des Astrallebens die Seele immer mehr entwickelt, kommt irgendwann ein Qualitätssprung zur Meta-erkenntnis. Erst nach diesem Qualitätssprung ist Selbsterkenntnis möglich.

Daraus folgt, dass Selbsterkenntnis nur Immorta-listen möglich ist. Erst musst du Immortalist werden. Dann musst du die Stufe der Metaerkenntnis errei-chen. Dann kannst du Selbsterkenntnis erlangen.

Selbsterkenntnis enthält eine passive und eine aktive Komponente. Die Passive ist sozusagen die reine Selbsterkenntnis, du weißt, wer und was du bist. Das hat Folgen für dein weiteres Handeln. Handeln in Übereinstimmung mit Selbsterkenntnis ist die aktive Komponente, welche ich den Wahren Willen nenne. Für Immortalisten ist Selbsterkennt-nis nur wegen des Wahren Willens interessant.

VII.
KLEE - die Methode

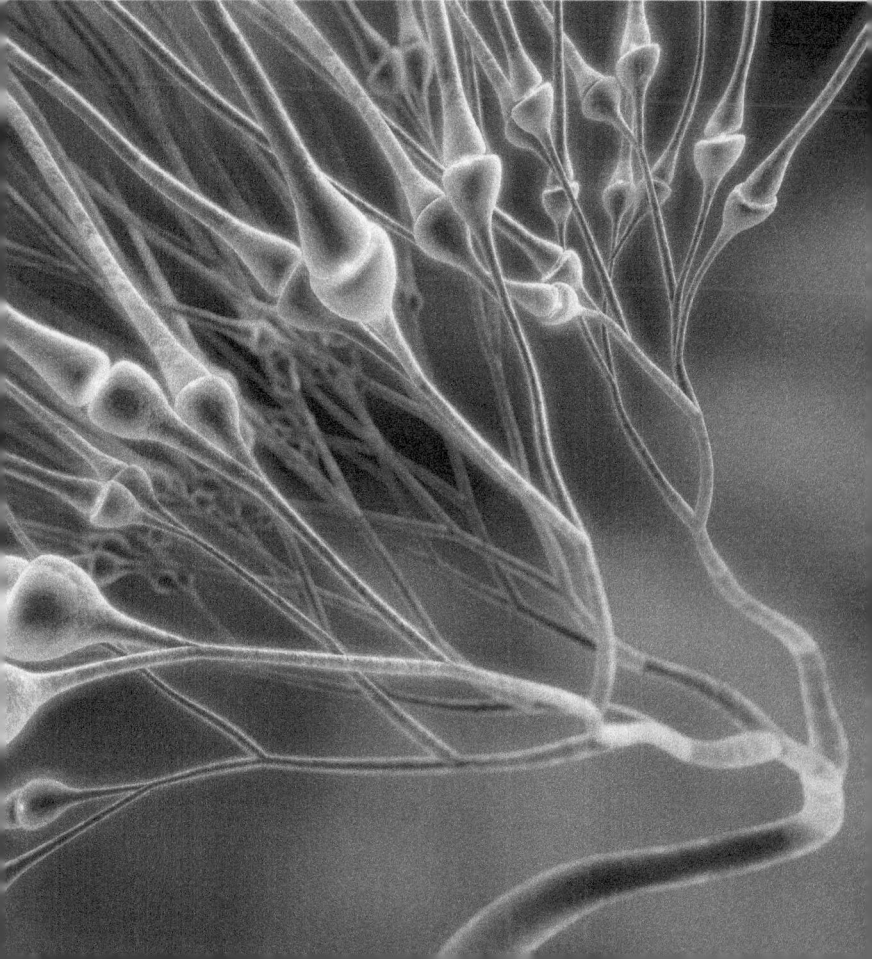

Die Komponenten

Komplexität, Lösung, Einpunktigkeit, Ekstase, abgekürzt KLEE, sind die Schlüsselwörter des Immortalisten-Trainings. Ich werde hier nur einen groben Überblick geben. Die Einzelheiten der Methode können nicht veröffentlicht werden. Schon deshalb nicht, weil sie jeweils individuell abgestimmt ist. Jeder Interessierte kann die Methode jedoch bei qualifizierten Immortalisten-Ausbildern lernen.

1. Komplexität

Komplexität ist eine Komponente dessen, was Immortalisten „Licht" nennen. Die Wirklichkeit der Immortalisten ist sehr viel weniger geordnet, sehr viel weniger redundant, d.h. sie ist sehr viel einmaliger und chaotischer als die irdische Wirklichkeit der Sterblichen.

Sterbliche müssen deshalb lernen, mit weniger Sicherheit und mehr Instabilität leben zu können.

Die Wirklichkeit der Immortalisten ist hochgradig komplexer als die materielle Welt. Sterbliche, die mit dieser Wirklichkeit, ohne entsprechendes Training und sanfte Einführung, konfrontiert werden, drehen meist völlig durch. Die Symptome reichen von Autismus bis Prophetismus.

Ein wichtiger Teil des Immortalitäts-Trainings besteht deshalb darin, die Kenntnisse, Fertigkeiten und Fähigkeiten, welche zur Verarbeitung höherer Komplexität hilfreich sind, zu steigern.

In einer ersten Stufe geht es um formales Denken, Problemlösungen in vernetzten Zusammenhängen, Phantasie und Sensibilität der Wahrnehmungen. Das Sprach- und Ausdrucksverhalten wird präzisiert. In Computersimulationen untersuchen Kandidaten das Verhalten komplexer Systeme. Forschungs-, Erfolgs- und Gruppenarbeit wird eingeübt, Gedanken und Ideen in intensiven Diskussionen werden hinterfragt und entwickelt. In der nächsten Stufe wird schnelles Erfassen von Mustern erlernt. In der Instabilität der Astralebene ist langsames sequentielles Denken meist nicht möglich. Deshalb müssen Denkprozesse parallel und ganzheitlich ablaufen. Es ist meist unmöglich, Situationen sorgfältig zu analysieren, die wesentlichen Komponenten und Zusammenhänge müssen aber dennoch präzise erfasst werden. Dazu ist es notwendig, mit hoher Sensibilität für Feinheiten, in Mustern zu denken.

In der dritten Stufe geht es um Intuition, d.h. erfolgreiches Problemlösen trotz unzureichender Information. Aus wenigen Hinweisen soll der Kandidat intuitiv die passenden Muster erschließen können, um erfolgreiches Verhalten zu ermöglichen.

Phantasie und Sensibilität werden hochgradig gefordert. Den Abschluss bildet Ästhetik, d.h das fließende, anstrengungslose Jonglieren mit intuitiv als schön ausgewählten Mustern. Passende Muster empfindet der Immortalist als schön und Schönheit wird gewählt: Ein fast verzögerungsfreies Zusammenspiel von Situationswahrnehmung und Handlung nach dem Kriterium der Schönheit. Ästhetisches Erleben und Handeln ist die einzige Möglichkeit, in den fließenden astralen Wirklichkeiten wachsen zu können.

2. Lösung

Lösung meint zum einen die Ablösung des Astralkörpers vom materiellen Körper, zum anderen eine Art Scanning, das Gegenstück zu Einpunktigkeit. Bei der Einpunktigkeit geht es darum, etwas zu fixieren, z.B. die Aufmerksamkeit sehr lange und genau auf einen Gegenstand zu richten. Beim Scanning ist die Aufmerksamkeit in die Breite gerichtet, es geht darum, einen Überblick zu gewinnen. Einpunktigkeit heißt, nur einen Baum im Wald sehen, Scanning heißt, nur den Wald sehen. Lösung beginnt mit intensiven Entspannungs-, Dehnungs- und Lockerungsübungen - ähnlich dem Autogenen Training und den Hatha-Yoga Praktiken.

Es muss gelernt werden, den materiellen Körper vollständig loszulassen. Je mehr dieser Prozess fortschreitet, desto mehr löst sich das mit dem Körper verbundene Astral, welches auf dieser Stufe als Kundalini bekannt ist.

Das Problem besteht darin, dass das Astral in muskulären Verspannungen verklebt ist. Die Auflösung dieser Verspannungen hat starke physische und psychische Effekte. Psychisch treten emotionale Instabilitäten auf, da sich verhärtete psychische Strukturen in körperlichen Verspannungsmustern ausdrücken. Physisch treten anfangs sehr unangenehme Phänomene auf, z.B. starkes Jucken und Kribbeln, Hitzeschübe, Vibrationen, Licht-erscheinungen etc. Diese Phänomene werden später als ekstatische Energieschübe empfunden.

3. Einpunktigkeit

Einpunktigkeit bezieht sich auf Konzentration. Astrale Gedanken sind im Vergleich zu irdischen hauchfeine und hochvernetzte Gedankengespinste. Bewusstes astrales Denken erfordert deshalb die Fertigkeit, seine Aufmerksamkeit sehr genau auf einen Bereich eingrenzen, also fokussieren zu können und diesen Fokus, ohne Abschweifung oder Verschwimmen zu halten. Das Einpunktigkeits-Training beginnt mit einfachen Konzentrationsübungen und geht dann zu Techniken über, die dem Raja-Yoga ähneln.

4. Ekstase

Ekstase meint den Umgang mit psychischen Kräften. Immortalisten leben in einer sehr dynamischen Umwelt und brauchen für manche Zwecke sehr viel Energie. Der Energiespeicher ist oft der Astralkörper, d.h. in gewissem Sinne sind die Immortalisten selbst diese Energie. Jedes Wachstum des Astralkörpers ist, irdisch ausgedrückt, ein Zuwachs an Kraft und Energie. Solch ein Energiezufluss wird subjektiv als ekstatisch empfunden. Durch Ekstase wird der Astralkörper gestärkt und die Stärkung des Astralkörpers wird als Ekstase empfunden.

Das Gefühl ähnelt manchmal einer Art Superorgasmus, aber es hat sehr viele Varianten. Die Techniken zum Erlernen des Umgangs mit und des Erzeugens von Ekstase ähneln teilweise tantrischen Techniken, teilweise Tai-Chi Methoden, Atemübungen des Pranayama. Außer den genannten haben wir aus den Erdungsübungen und Ausdrucksübungen der Bioenergetik geeignete Techniken entwickelt..

Das Zusammenspiel

Durch das Zusammenspiel von Einpunktigkeit, Lösung und Ekstase wird jeder Bereich durch Fortschritte in den beiden anderen gesteigert. Je mehr Lösung und Einpunktigkeit desto mehr Ekstase, je mehr Ekstase desto leichter geschehen Lösung und Einpunktigkeit.

Anfangs – von Ekstase keine Spur. Manchmal, bei sehr jungen Menschen, ein plötzlicher Ekstase-Blitz. Muskelverspannungen werden anfangs nicht einmal als solche wahrgenommen und was Konzentration genannt wird, ist bestenfalls eine kleine Minderung des Abschweifens.

Im Laufe der Zeit führen die Übungen zu einer Verbesserung der Fertigkeiten und es treten Wonneschauer und erste Lichtphänomene auf. Die Entspannung wird tiefer, der Körper beginnt häufig, spontan heftig zu zucken. Dann treten kräftigere Ekstase-Blitze auf. Sie sind von Lichterscheinungen, Donnern oder anderen lauten Geräuschen sowie intensiven ekstatischen Körperempfindungen begleitet.

Diese Phänomene stabilisieren sich und gehen von blitzartigen Ekstasen zu wellenförmigen über. Sie zucken nicht mehr nur plötzlich auf, sondern schwellen an und ab. Der Kandidat lernt, mit immer intensiveren Ekstasen zu leben. Intensive Gefühle von Glück und Freude überschwemmen ihn.

Jetzt kommt es schon manchmal zu ersten spontanen Lösungen des Astralkörpers. Der Kandidat empfindet dann ein Gefühl der Unendlichkeit und der Einheit mit dem Universum. Er kann Visionen von Göttern und Göttinnen haben und Botschaften empfangen. Aber dies findet alles in seiner Phantasie statt. Es sind Täuschungen, Abwehrreaktionen und Interpretationsversuche der Psyche.

Dieses Stadium ist es, in dem die Mystiker steckenbleiben und welches sie als die Erfahrung der mystischen Vereinigung schildern. Mystiker bleiben ihren ansozialisierten Weltbildern zu sehr verhaftet, da ihre Möglichkeiten der Komplexitätsverarbeitung unzureichend sind. Immortalisten müssen über dieses Stadium hinausgehen.

In der Ausbildung müssen alle Elemente sorgfältig aufeinander abgestimmt werden. Löst sich z.B. der Astralkörper, bevor die notwendige Komplexität erreicht ist, so bleibt der Kandidat in Halluzinationen stecken oder gibt die weitere Ausbildung auf, weil er die Erlebnisse nicht verarbeiten kann. Treten Kundalini-Energien auf, während noch grobe Muskelverspannungen bestehen, können Lähmungen die Folge sein.

Wenn der Kandidat seine Möglichkeiten unter der sachkundigen Anleitung eines Immortalisten entwickelt, wird er eines Tages die Halluzinationen überwunden haben und den Astralkörper willentlich lösen können. Dann wird ein dünner, schwacher Astralkörper noch zitternd in einer neuen Welt stehen. Der Beifall der Immortalisten wird ihn erschrecken und er wird sich furchtsam in seinen materiellen Körper flüchten. Aber immer wieder wird er zurückkehren und eines Tages ein vollwertiges Mitglied der Gesellschaft des Himmels sein.

VIII.

Ein Stern geht auf

Cynthia blinzelt zum Wecker. 7:23, noch ein paar Minuten bis er klingelt. Steht heute was Besonderes an? Nein, überlegt sie, nur die übliche Wochenbesprechung und ein Reiseprospekt muss fertig werden. Morgen ist Wochenende.

Drei Minuten später steht sie unter der Dusche, warmes Wasser fließt an ihrem Körper herunter. Sie streichelt sich gedankenversunken den Schaum auf den Körper. Aber die Zeit drängt, Arbeit wartet auf sie. Zwischen Socken anziehen und Make up passen ein schneller Kaffee und ein Joghurt. Der Fahrstuhl bringt sie in die Tiefgarage. Sie liebt das Geräusch der klackenden Absätze auf dem Asphalt, als sie zum Wagen eilt. Ein Druck auf den Schlüssel entriegelt die Türen und das Licht im Wagen dimmt auf wie im Kino nach dem Film. Beim Starten prüft der BMW seine Assistenzsysteme, gelbe und rote Lämpchen blinken und verlöschen ordnungsgemäß. Es kann losgehen.

Ein Tag wie jeder andere, wenn nicht ...

Die Stunden bis zur Mittagspause vergingen schnell. Das Wochenende rückte in greifbare Nähe. Mit einem leichten Ruck bremste der Fahrstuhl ab und die Metalltüren glitten auseinander. Nur einmal links abbiegen und der Raum öffnete sich zur Cafeteria. Cynthia kannte den Weg, sie ist ihn schon hunderte Male gegangen.

Die Abzugshauben der Küche pfiffen. Mit den Kochdämpfen zogen sie auch die Geräusche ab. Was blieb, war weißes Rauschen. Geschirr klapperte auf cremefarbenen Plastiktabletts. Man aß schnell und redete wenig. Vereinzelte Stimmen klangen gedämpft. Wie immer bahnte sich Cynthia ihren Weg zu ihrem Platz und kam nur langsam voran. Sie balancierte das volle Tablett durch die Menge. Ein Stück Feta purzelte von der Salatschüssel in die Sauce, als sie einem Anzugträger auswich, der seinen Aktenkoffer wie einen Schild vor sich hielt und mit der linken Hand das Handy ans Ohr presste. Sie suchte ein Ventil für ihren aufkommenden Ärger, aber der Kofferträger war schon zu weit weg. Er lachte kurz ins Telefon, ganz gutgelaunter Vertreter.

Im hinteren Teil der Cafeteria wurde es ruhiger und sie konnte zügiger gehen. Die Küchengerüche nach gedünstetem Gemüse und Fisch verflogen. Es hatte sich so eingebürgert, dass die Mitarbeiter der Firmen, die sich das vierstöckige Bürogebäude teilten, unter sich blieben. L & A Design, die Werbeagentur, in der Cynthia arbeitete, hatte nach den ungeschriebenen Territorialregeln den Ostbereich der Cafeteria bis zum ersten Raumteiler für sich.

Volker und Nancy saßen schweigend über ihre Teller gebeugt. Cynthia begrüßte die beiden. „Na, gibts was Neues?" Nancy schwärmte von der Messevorbereitung und dem Kollegen aus dem Versand, mit dem sie nun zusammenarbeiten würde. Volker kaute. Er sah nur einmal zwischen zwei Bissen zu Cynthia hoch, dann widmete er sich eine Spur zu angestrengt wieder seinen Kartoffeln. Er war immer noch sauer. Kein Wunder, nach dem Streit gestern Abend. Ob sie ihn zu heftig angefahren hatte? Dabei hatte er doch ... Cynthia unterbrach sich. Sie, die Betrogene, hätte doch allen Grund, verstimmt zu sein. Obwohl: eigentlich war sie fast erleichtert.

„Uff". Regina wuchtete sich mit einem Seufzer neben Cynthia. „Hi Cynthia, was isst du? Ah, Salat. Da krieg ich ja fast ein schlechtes Gewissen." Sie kicherte und hatte den Scherz schon vergessen. „Hast du das mit der Hüter schon gehört?" Cynthia schüttelte den Kopf. Neugierig blickte sie die füllige Mittvierzigerin an, die sich eine große Portion Fisch mit Kartoffeln (Reis ist was für Asketen) schmecken ließ. Hinter ihrem Teller warteten zwei Schüsseln Pudding.

„Nein, was ist denn mit ihr?", setzte Cynthia nach.

„Die Hüter ist gestern gestorben." Kleine Pause.

Langsam sah Regina alle der Reihe nach an. Cynthia musste sich verhört haben. Sie hatte Regina gerade deutlich sagen hören, Frau Hüter sei gestorben - aber das konnte nicht sein. Gestern Mittag hatte die Chefsekretärin von L&A Design noch mit ihr gesprochen. „Weißt du, ich hab gerade verstanden, sie sei ...", versuchte sie, das Missverständnis aufzuklären.

„Sie ist tot." ,Tot' dehnte Regina näselnd zu ,dooout', es war ein Zitat einer uralten Komödie, deren Namen Cynthia vergessen hatte. „Herzversagen. Kurz vor Feierabend, direkt im Büro an ihrem Schreibtisch. Ich wollte gerade los und da klappt sie vom Stuhl." Nancy tupfte sich den Mund ab. Volker legte das Besteck weg. Nun schilderte Regina in allen Einzelheiten, wie der Notarzt mit Blaulicht gekommen war, man die Hüter aber nicht mehr habe retten können. Sie klang erleichtert oder fast erfreut, davon erzählen zu können. Nur Cynthia fiel auf, dass Reginas Hände zitterten, die Serviette zerknüllten und wieder glatt strichen. Was sie über die nun freigewordene Stelle sagte und über die Aussicht, dass sie, Regina, neue Chefsekretärin wird und dass man halt aus allem das Beste machen müsse und sie blöd wäre, wenn sie sich jetzt zieren würde - natürlich nur, falls man ihr das Angebot macht... das hörte Cynthia nicht mehr.

Sie erhob sich noch während des Gesprächs, ihr Salat war kaum angerührt. Sie hatte keinen Hunger mehr. „Ich muss noch", sagte sie aufgeräumt zu Regina, „den Reisekatalog setzen. Wahrscheinlich werde ich eh' länger machen." Sie strich sich kurz durch ihr schulterlanges braunes Haar, drehte sich um und ging. Mit erhobenem Kopf, doch ihr Gang war eckiger als sonst. Als müsste sie ihren Beinen bei jedem Schritt einen Befehl erteilen.

„Was hat sie denn?" fragte Regina kauend, der schlanken jungen Frau nachblickend.

„Ach wahrscheinlich ist sie noch sauer wegen ... gestern." Volker sah dabei Nancy an.„Hast du es ihr gesagt?" - seine Mundwinkel zuckten leicht beim Sprechen und sein Blick sprang zwischen ihr und Regina hin und her. Das blonde Mädchen hob ihr Glas. „Naja, was gibt es da noch zu sagen? So indirekt hab ich es rübergebracht. Ich glaube, sie hat das schon verstanden." Regina blickte verdutzt, dann interessiert von einem zum anderen. Hatte er sie mit seinem irischen Charme also rumgekriegt? Wahrscheinlich hatte er sich nicht sonderlich anstrengen müssen.

„Oh, soso. Habt ihr was miteinander?", eine fast überflüssige Frage, doch solche Geheimnisse liebte sie über alles. In der Kaffeepause würde sie, ganz im Vertrauen, ihre Chefin mit Andeutungen darüber kirre machen. Ein köstlicher Nachmittag lag vor ihr.

„So ähnlich," erwiderte Volker. „Cynthia ist in der letzten Zeit ziemlich schwierig geworden. Nancy ist ganz anders." Nancy kicherte.

Dann ging ihr Gespräch wieder um die Hüter. Wer außer Regina wohl Anspruch auf ihre Stelle anmelden könnte. Darf man überhaupt heute schon so eine Frage stellen? Man darf, natürlich. Unter Freunden.

Das war's dann?

Cynthia starrte auf die Platzhalter für die Bilder. Schnelle Routinearbeit. Sowas hatte sie in den Fingern. Doch nicht mal soweit konnte sie sich konzentrieren. Der Tee in der Tasse war schon längst kalt. Sie rührte Zuckerkrümel auf, die sich nicht mehr lösten. Sie sah durch das blinkende Icon am Bildschirmrand, das neue Emails anzeigte und registrierte nur farbige Pixel. An, aus. An, aus. An und aus.

Was soll's! Sie setzte sich aufrecht hin. Zehn Seiten wollten bebildert und gesetzt werden, vorher kann sie nicht nach Hause. Sie klickte durch das Bilderarchiv. Wonach suchte sie eigentlich? Wie zufällig fand die Maus den Ordner der letzten Jahresabschlussfeier. Die Vista Bar im Hilton, um das gute Geschäftsjahr für L&A zu feiern. Auf einem Foto stand die Hüter etwas abseits der Menge, die bei dem Spiel ‚Reise nach Jerusalem' mitfieberte. Lila

Rollkragenpullover, dünne Goldkette, die große Brille erinnerte ein bisschen an Sophia von den Golden Girls. Das Gesicht war weicher als sonst und sie lächelte verhalten der Menge mit den aufgerissenen Mündern und fliegenden Armen zu. Ein anderes Bild zeigte sie nachdenklich, leicht zusammengesunken auf ihr Glas schauend. Es wirkte so, als ob sie nur zufällig auf ein Foto gekommen war. Man sah an ihr vorbei, selbst wenn sie in der Bildmitte war.

Die Feier war ein halbes Jahr her. Seit heute Mittag war das eine unendlich lange Zeit. Eine Vergangenheit, die nicht zu überbrücken war. Zu spät, um sie noch etwas zu fragen, was Cynthia seit dem Tag, an dem sich ihre Karriere entschieden hatte, fragen wollte: Warum haben Sie mir geholfen?

„Die Hüter ist tot". Dieser Satz zog sie schwer nach unten. Der Satz fixierte sie auf dem Boden, bis sie platt war wie ein Lappen und hielt die Zeit an. Alles wurde still. Und je vollständiger diese Stille sie durchsickerte, in diesem Augenblick einfing, desto unwirklicher wurde dieser vorhin so aufgeregt gesprochene Satz. Sie hatte, sagte sich Cynthia, die Hüter eigentlich kaum gekannt. Eine Einzelgängerin war das gewesen, sachlich und ernst. Immer korrekt, sicher, aber auf eine Distanz bedacht, die fast anstößig wirkte. Sie hielt nichts von den modernen

Spielarten des Networking. Sie wusste über alles in der Firma Bescheid, aber schlug nie Kapital daraus. Vielleicht ließ deshalb ihr Chef nie etwas auf sie kommen.

Im Herbst würde Cynthia die jüngste Teammanagerin bei L&A werden. Die Tatsache, dass sie überhaupt noch hier war, verdankte sie Frau Hüter. Die hatte ihr damals den Job gerettet. Es war Cynthias erster großer Auftrag und sie war nahe dran, ihn zu vermasseln. Damals. Vor vier, nein vor fünf Jahren...

Ein Stammkunde verweigerte die Annahme von zweihunderttausend Prospekten. Durch die geschlossenen Türen von Mucks Büro drang an diesem Schicksalstag die erhobene Stimme des Chefs, der seine Mitarbeiter zurechtstutzte. Er bestellte sie einzeln und sie schlichen wie begossene Pudel wieder heraus.

Cynthia war noch in der Probezeit. Selten ging sie vor 20 Uhr nach Hause und hatte eine Grippe bekommen. Schniefend und mit dickem Kopf ging die Arbeit zäh von der Hand. Die ersten gingen schon, um ihre Kinder abzuholen. Weil drei Leute sofort beurlaubt waren und vier weitere krank, gab Muck ihr den Auftrag. Wenn sie den bis morgen abschloss, hätte sie ihre Eintrittskarte in die Agentur. Und in fünf, sechs Jahren vielleicht schon ein eigenes Team. „Wenn Sie dem aber nicht gewachsen sind … die Probezeit heißt nicht umsonst so", schloss Muck abrupt. Wenige Angestellte verabschiedeten sich von ihr. Die meisten übersahen sie, als sie nach Hause eilten.

Die Reinigungskräfte saugten und klapperten durch die Räume, da stand die Hüter mit einem Glas Wasser und Tabletten neben ihr, sah ihr mit leisem Lächeln zu, als Cynthia sie brav schluckte und erkundigte sich, wie sie vorankäme. Sie war kaum zurück an ihrem Platz, da passierte es. Das Licht flackerte, ging aus und das leise Surren der Computer verstummte. Der Bildschirm meldete „No Signal" und wurde schwarz.

Minuten später ließ sich ihr Rechner wieder starten, aber die Schleifgeräusche verhießen nichts Gutes. Die Datei war nicht mehr zu öffnen. Das einzige Backup ebenfalls unbrauchbar. Cynthias Magen krampfte sich zusammen. Und dann schaute die Hüter nochmal nach ihr. „Kind, Sie sind ja so blass. Was ist los?" Cynthia antwortete schluchzend. Noch während sie sprach, zog die Sekretärin ihre Jacke wieder aus, rückte ihre Brille zurecht und bat Cynthia um ihr Handy. Die Telefonanlage hatte durch den Stromausfall auch was abbekommen. Während Cynthia noch wie gelähmt auf die Fehlermeldung starrte, führte Hüter ein Telefonat nach dem anderen. Sie flehte, drohte und wurde von einer Warteschleife in die nächste gesetzt. „Nein, nicht morgen Vormittag, heute. Jetzt sofort!" Dann schüttelte sie resigniert den Kopf, die andere Seite hatte einfach aufgelegt. Wortlos legte sie das Handy auf den Tisch zurück, „Vielleicht ...." Sie hielt mitten in der Bewegung inne, drehte sich abrupt um, stürmte zu ihrem Platz und wählte eine Nummer aus ihrem privaten Telefonbuch. „Wann? Jetzt sofort. Bitte, dieses eine Mal ... Ja, sie wisse, wie spät es ist und ja, das ist nicht normal, aber hier brennt die Luft." Eine Stunde später fiel sie dem verdutzten Techniker fast um den Hals, als der grinsend und schwitzend zusah, wie Cynthia an einem anderen PC die Backup-Datei öffnete.

Am nächsten Morgen dankte Muck Cynthia für die „wirklich sehr gute Arbeit". Frau Hüter lächelte ihr aufmunternd zu. ...

Sie schreckte auf, als das Programm nach einem versehentlichen Mausklick fragte: Datei wirklich löschen? Nein! Nicht noch mal so etwas! Diesmal würde ihr niemand helfen.

Die Broschüre war fertig, Kurzurlaub im Schwarzwald - gut für Leib und Seele. Es interessierte sie nicht im geringsten. Sie heftete den Ausdruck ab und räumte ihren Schreibtisch auf - Feierabend. Und was nun? Volker treffen? Nein! Überhaupt hatte sie erst einmal die Nase voll von Männern.

Ins Kino gehen? Auch nicht das Richtige. Ob sie noch bei ihrer Mutter vorbei ging? Das konnte warten. Cynthia ging langsam auf Fluren mit Notbeleuchtung an dunklen Büros vorbei. Eine ungewohnte Frage drängte sich auf: Was fange ich an mit meinem Leben? Weder der sporadisch blubbernde Wasserspender noch die leise zischende Tür am Haupteingang gaben Antwort.

An einer roten Ampel schaltete sie in den Leerlauf und schloss die Augen. Sie sah sich am Anfang eines langen und lichten Tals stehen, das sanft vor ihr abfiel. Sie spürte, dass sie mit den Händen die Hügelrücken seitlich weiter nach außen schieben könnte. Doch in dem Tal würde deshalb immer noch nicht mehr sein.

Wie kann die Welt einfach so weiterlaufen, wenn jemand - schnipp! - weg ist und nie mehr wiederkommt? Die Hüter war auch von morgens bis abends in der Firma. Ob sie Familie hatte? Jemanden, der jetzt um sie trauerte? Und wenn auch, was änderte es nun. Cynthia stellte sich vor, dass die Hüter nun irgendwo anders leben und ihr zusehen könnte. Lautes Hupen hinter ihr schreckte sie auf. Grün!

Die Stadtautobahn war leer. Da war sie geboren worden, war zur Schule gegangen, immer eine gute Schülerin. Nach dem Abitur hatte sie studiert und bekam das Praktikum bei L&A. Nie hatte es ihr an Freunden gemangelt, Cynthia war überall gern gesehen. Schließlich kam Volker in ihr Leben. Ihr Traummann. Sie wollten heiraten. Aber das war nun vorbei. Das eigene Leben schien plötzlich so klein. Der eigene Tod rückte unaufhaltsam nah. Würde dann auch eine Angestellte beim Mittagessen ihre Freunde fragen, „Habt ihr schon das mit Cynthia gehört?"

Zuhause hörte sie als Erstes den Anrufbeantworter ab. Eine Einladung zu einer Geburtstagsfeier, Mutter erinnerte sie daran, dass sie noch Wäsche bei ihr hatte, ein langjähriger Verehrer fragte zum hundertsten Mal, ob sie mit ihm Essen gehen wolle... „Ende der Nachrichten" teilte die Stimme vom Band mit. Ein Relais klackte und mit schrillem Piepton beendete das Gerät seinen Dienst.

Sie war achtundzwanzig. Wenn sie gesund blieb, könnte sie achtzig werden - alle in ihrer Familie wurden recht alt. Sie hatte also gut ein Drittel des Lebens hinter sich. Das Glas ist noch ziemlich voll - wie der Tank im Auto. Den Tank kann man nachfüllen. Geht das mit Leben auch?

Ihr Religionslehrer hätte das bejaht. Oft hatten sie über das Leben nach dem Tod diskutiert. Er, ein frommer Christ, sie ein Zweifler. Mit vierzehn hatte sie die Bibel gelesen, gerne die Filme an Ostern gesehen und geweint, wenn Jesus gekreuzigt wurde. Aber nach und nach verlor sie das Interesse. Nein, das Christentum war nichts für sie.

Wieso eigentlich? Vielleicht wäre sie ja glücklich, wenn sie es ganz ernst nehmen würde? „Vielleicht besser, als depressiv zu werden", hörte Cynthia sich sagen und lächelte resigniert. Sie holte sich ein Glas Wein auf die Couch. Wenn sie dann stirbt, tragen Engel sie in den Himmel. Das muss wie Urlaub sein. Urlaub in einem Paradiesgarten mit lächelnden Menschen, wo Sommer war und alles blühte, und das für immer. Immer ist wie lange? Jahre, Jahrhunderte, noch länger, ohne die Chance, irgendetwas anderes zu tun? Nein, darauf Jahrzehnte lang hoffen, wie öde.

Vielleicht konnte sie den lästigen Gedanken entkommen, wenn sie endlich ins Bett ging. Sie zog sich schnell aus, schlüpfte unter die Decke und griff zu einem Roman, der seit Wochen auf dem Nachttisch lag. Sie las, bis die Buchstaben verschwammen und ihr die Augen zufielen.

Schach matt

In der großen Halle, vielleicht war es eine Kirche, hatte sich die gesamte Belegschaft versammelt. Alle wirkten seltsam feierlich. Sie wusste nicht, was alle hierher geführt hatte. Sie könnte fragen, aber fühlte sich in dem Mantel, den sie trug, so unwohl. Hoffentlich sah sie keiner. Sie schlich zur Wand. Muck kam in einem Prunkgewand wie ein König in den Saal. Sie wurde panisch, jetzt war es zu spät!

Auf einmal erstarrte die Belegschaft. Alle waren wie festgewachsen. Einige waren weiß und andere schwarz angezogen. Sie standen sich gegenüber. Figuren auf einem Schachbrett. Immer noch erkannte sie einige Kollegen. Ganz in weiß Frau Hüter. Sie versuchte, Cynthia etwas über Buchhaltung zu erklären. Ihr Nebenmann giftete sie an, dass sie das doch nun nichts mehr angehe. Worauf Frau Hüter jammernd in sich zusammensank. „Sie arbeiten nicht mehr hier, machen sie den anderen Platz!" Dann wendet sich der bullige Typ, statt Beinen hat er Mauern, an Cynthia. „Und Sie, stehen Sie nicht so herum! Hier muss jeder seinen Platz einnehmen, sonst funktioniert gar nichts mehr!"

Cynthia grübelte, wo ihr Platz war, da schob sich der Turm auf sie zu und schob sie zur Seite. Eine große Hand packte sie an Schultern und Brust. Da erst fiel ihr auf, dass sie auch eine Schachfigur war. Ihr Körper war starr, sie konnte nur den Kopf bewegen. Der unheimlich große Schachspieler sah nur aufs Brett, schwenkte Cynthia über den Spielfeldrand und ließ sie dort mit spitzen Fingern fallen. Sie landete weich auf einem Berg Säcke. Als sie genauer hinsah, waren es keine Säcke, sondern andere

Spielfiguren. Die bestanden nur aus dieser Hülle, aus diesen weichen unförmigen Säcken.

Leicht benommen wachte sie auf und wühlte sich aus der zerknüllten Decke. Die Nachttischlampe brannte noch. Der Mittelalterroman war auf den Boden gefallen. Es war schwül im Zimmer. Sie stand auf und tapste zum Fenster. Selten hatten ihr zwitschernde Vögel in der Morgendämmerung so viel bedeutet. Kühle Sommerluft drang in den Raum. Cynthia atmete tief durch, sah auf den Wecker. Halb fünf. Zu früh um aufzustehen. Oder wie wäre es mit einem Spaziergang? Sie schloss die Augen. Nur für einen Moment noch...

Ein schmaler Wanderweg lockte sie aus der Stadt. Vom Waldrand aus blickte sie zurück auf die Häuschen im Tal. Mit erhobenem Kopf genoss sie die wärmende Sonne. Plötzlich wurde ihr klar, wonach sie gesucht hatte. „Ich weiß nicht, wie ich mein Leben anders leben kann. Ich will herausfinden, ob es andere gibt, die darüber mehr wissen. Ich will nach Menschen suchen, die mehr vom Leben wollen."

Ein neuer Tag

Ein gedämpftes Ding-Dong holte Cynthia aus dem Halbschlaf. Ding-Dong. Und noch einmal, jetzt deutlich länger: Diiiing Dong! Seufzend zog sie ihren Bademantel über und tappelte zur Tür.

„Ich komm ja schon" rief sie, nur um die Klingel nicht nochmal hören zu müssen. Umständlich nestelte sie an der Türkette herum, die nicht eingehakt war. Draußen stand ein strohblonder Typ. Breit lächelnd strahlte er sie an, so als ob es das Schönste wäre, da zu stehen und sie im Bademantel zu sehen. „Hallo Cynthia. Entschuldige, wenn ich dich störe. Ich habe schon so oft angerufen und keine Antwort bekommen. Da dachte ich, ich komme einfach mal vorbei. Ich hab Frühstück mitgebracht. Kann ich reinkommen?" Es war Jan vom Anrufbeantworter. Vor Monaten hatten sie sich auf einer Einweihungsparty eines Freundes getroffen. Sie hatte ihm ihre Telefonnummer gegeben. Um ihn loszuwerden? Das war ja nicht so glatt gelaufen. Eine sehr melodische Stimme jedenfalls. Sie hörte ihn gern reden. Äh, was hatte er gesagt? Frühstück?! Cyntia gähnte. Sie wurde verlegen und musste wider Willen lächeln. „Ich bin noch gar nicht wach! Kannst du nicht später wiederkommen?" „Ist schon okay, ich mache dir einen Kaffee und decke den Tisch. Lass dir Zeit." Jan schob sich an ihr vorbei, ging wie selbstverständlich in ihre Küche und packte seine Lebensmittel aus.

Das ging zu schnell für Cynthia. Was denkt der sich eigentlich? Wütend knallte sie die Tür zu und folgte ihm in die Küche. Er bewegte sich leicht und präzise wie ein Tänzer. Es war, als hätte er hier schon öfter gekocht. Er sah kurz zu ihr hoch, dabei fiel ihm eine Locke über die Augen. Lächelnd schob er sie weg. Er sah gut aus! Cynthias Wut ließ nach. Sein offenes Jungengesicht konnte auch ernst sein. So wie jetzt, als er konzentriert die Kaffeemaschine befüllte. Woher wusste er, wo die Kaffeedose stand? Sie zuckte die Achseln und ging ins Bad.

Eine halbe Stunde später war sie fertig. Sie hatte sich tatsächlich Mühe gegeben, hübsch auszusehen. Wieso eigentlich? Jan hatte sie nie interessiert. „So, da bin i..." den Satz sprach sie nicht zu Ende. Der Tisch war gedeckt, aber nur für eine Person. Jan war weg. Die Kaffeemaschine schnaufte sie dampfend an, als hätte sie auf Cynthia gewartet. „Huch, was soll das? Jan?" Er war tatsächlich weg.

Auf ihrem Teller dampfte leckeres Rührei, daneben Croissants mit Marmelade und ein Glas Grapefruitsaft. Ein Frühstück, wie sie es mochte. Dieser Mann wurde ihr unheimlich. Etwas neben ihrem Teller erregte ihre Aufmerksamkeit, ein Brief. „Für die lebendige Frau" stand auf dem Umschlag.

... to live forever

Für die lebendige Frau. Komisch, über ihr Leben hatte Cynthia seit gestern viel nachgedacht. Im Traum war sie auf einen Leichenhaufen geworfen worden und hatte einen selten klaren Entschluss gefasst. Das war doch noch im Traum, oder? Dann kam Jan und nun lag ein Brief für sie auf dem Tisch. Was für ein Tag! Sie öffnete den Brief und begann zu lesen. Mehrere aus einem Buch kopierte Seiten, auf dem Deckblatt stand „Leben wie der Phönix".

Zwei Stunden später saß sie noch immer an ihrem Frühstücksplatz. Es sollte möglich sein? War es tatsächlich möglich, unsterblich zu werden? Ich kann leben, ohne wiedergeboren zu werden und alles zu vergessen? Ewig leben und mich erinnern? Astralwelten - gibt es sie wirklich? Und ich kann tatsächlich einen Astralkörper entwickeln, mit dem ich als Unsterbliche leben könnte?

Etwas in ihr begann zu kochen. Sie fühlte sich aufgefordert und wusste nicht wozu. Sie saß wie auf Kohlen. Sie musste etwas tun! Nur was? Sie begann aufzuräumen. Mit dem Staublappen in der Hand stockte sie: Das war doch verrückt, was sie gerade tat. Da war ihr die Antwort auf ihre Fragen auf den Frühstückstisch gefallen und sie räumte auf... Das Telefon klingelte. Sofort war sie dran. „Hast du es gelesen?" „Jan! Verdammt, was soll das? Erst dringst du in meine Wohnung ein, dann verschwindest du und lässt mir diesen Text da. Komm sofort her, ich werde hier gerade verrückt. Das ist doch alles ... Ich hab tausend Fragen!" „Okay, bin gleich da!"

Jan kam, aber er beantwortete ihr keine Frage. Dafür stellte er ihr eine, und die war ganz einfach: „Cynthia, willst du leben?" Aufmerksam sah er sie an, ließ ihr Zeit, um auf eine einfache Frage ihre Antwort zu geben. Sie versuchte, sich über die Frage klar zu werden. Das war wichtig, das spürte sie. Immer wieder ging ihr der Refrain eines Stückes von Queen durch den Kopf. „Who wants to live forever?..."

Die Zweifel schwanden. Dann plötzlich kam eine tiefe innere Ruhe über sie. Mit völliger Klarheit erkannte Cynthia, was die einzig stimmige Antwort war. Die Antwort, die sie gemieden und doch gesucht hatte. „Ja, ich will leben!"

IX.

AUFSÄTZE ZUR UNSTERBLICHKEIT

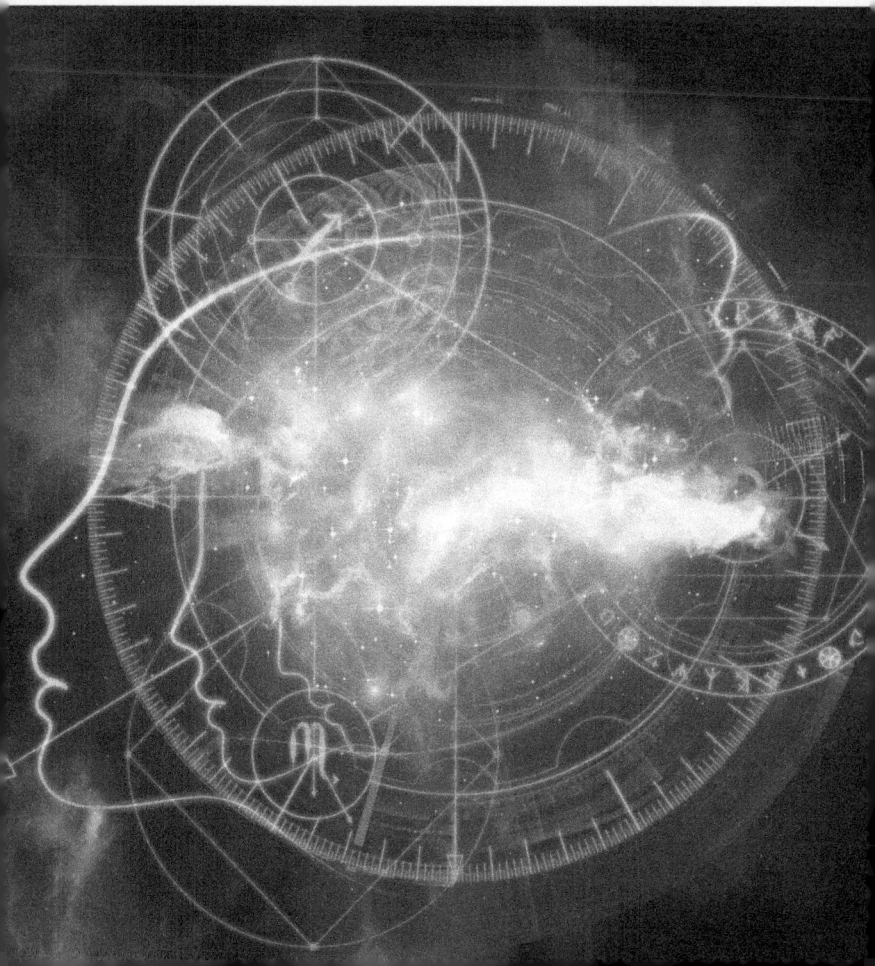

Aura, Astralkörper und Seele

Als **Aura** bezeichnen wir jenes helle Feld, welches von Immortalisten, vielen Sensitiven und der Kirlian-Fotografie als Lichtfeld um den Körper herum wahrgenommen wird. Eine Aura haben nicht nur Menschen, sondern auch Tiere und Pflanzen.

An Form und Farbe der Aura kann der körperliche Zustand eines Menschen abgelesen werden. Mit entsprechender Übung können Krankheiten aus der Aura diagnostiziert werden, auch Erregbarkeit, Erregungszustand und ähnliche psychische Merkmale sind zu erkennen.

Die meisten halten die Aura für den Astralkörper, aber das ist falsch. Der **Astralkörper** kann nur von sehr wenigen Sterblichen wahrgenommen werden, da er nur mit den astralen Sinnen wahrnehmbar ist. Der Astralkörper wird als eine Art heller Lichtschleier gesehen. Er durchdringt den materiellen Körper und kann, je nach Entwicklung, weit über diesen hinausreichen oder auch viel dünner sein.

Die Seele wird im Astralkörper als eine Art leuchtendes Zentrum, welches ein filigranes Muster erahnen lässt, wahrgenommen. Sie ist kleiner als der Astralkörper und wirkt sehr fein, zart und flexibel, erweckt aber trotzdem den Eindruck unzerstörbarer Härte. Ihr Verhältnis zum Astralkörper ist ähnlich dem Verhältnis des materiellen Körpers zur Psyche eines Menschen.

Betrachten wir das genauer. Der materielle Körper hat Instinkte und biologische Bedürfnisse, welche wir Triebe nennen. Triebe sind z.B. Essen, Trinken, Schlafen, Sex und Schmerz. Sie treten meist, bis auf Schmerz, periodisch auf und beruhen auf zellulären Defiziten. Triebe sichern das biologische Überleben, sie beeinflussen die Aura und können deshalb über diese wahrgenommen werden.

Die Psyche hat **Gefühle** und **Intuitionen**. Wenn Gefühle Handlungen initiieren, dann sprechen wir von **Motiven**, bei Intuitionen von **Interessen**. Motive sind z.B. Abwechslung, Zuneigung und Neugier. Interessen können Wissenschaft, Religion oder Dialog sein. Gefühle sind Reaktionen auf reale oder imaginierte Situationen, Urteile darüber wie eine Situation einzuschätzen ist, wie man sich verhalten sollte. Intuitionen sind Reaktionen auf reale oder konstruierte Muster, Modelle von Zusammenhängen.

Was von Menschen gewöhnlich als Psyche bezeichnet wird, ist sozusagen der immaterielle, nicht anfassbare und sichtbare Teil des Menschen. Für Immortalisten ist die Psyche sichtbar, denn sie besteht aus Astralkörper und Seele. Die Gedanken des Astralkörpers machen sich als Gefühle bemerkbar, die Gedanken der Seele als Intuitionen. Gefühle dürfen nicht mit Instinkten oder Intuitionen, Motive nicht mit Trieben oder Interessen verwechselt werden.

Instinkte sind das Denken des materiellen Körpers, Gefühle sind das Denken des Astralkörpers, Intuitionen sind das Denken der Seele. Das was Menschen „Denken" nennen, ist ein hoffnungsloses Mischmasch aus diesen Faktoren.

Alle Gefühle setzen sich aus fünf Grundgefühlen zusammen, die im EEG nachweisbar und am Astralkörper wahrnehmbar sind. Diese Grundgefühle sind Angst, Intention, Freude, Trauer und Aggression:

- **Angst** wird als Eingeengt- und Bedrängtsein, als Bedrohung, Besorgnis, Vorsicht, Scham und Scheu erlebt. In hoher Intensität wird es als Panik, Schreck oder Entsetzen beschrieben. Angst entsteht vor einem realen oder vorgestellten Ereignis und ist eine Warnung vor diesem Ereignis.
- **Intention** ist das Initial- oder Anfangsgefühl jedes Handelns und Denkens. Intention wird als Wunsch, Wille, Verlangen, Begehren, Interesse und Erwartung, oft auch als Neugier erlebt.
- **Freude** wird als Erfüllung, Glück, Vollendung, Lust, Zufriedenheit, Erlöstsein und Behagen

erlebt. Freude steht meist am Ende eines Handelns oder Erlebens als Bestätigung, dass es gelungen ist. Wird solch ein Ende erwartet, tritt Freude als Vorfreude auf.

- **Aggression** wird als Kraft und Energie, verbunden mit Gedanken an Zerstörung oder Konfrontation, erlebt, als Ärger, Wut, Zorn oder Kränkung, aber auch als Bestimmtheit, Eindeutigkeit und Durchsetzungsfähigkeit. Aggression ist das Schwellengefühl, welches zu Handlung, Kampf und aktiver Auseinandersetzung führt.
- **Trauer** wird als Verlust, Enttäuschung, Niedergeschlagenheit, Bedrücktheit, Mutlosigkeit, Resignation erlebt. Trauer lenkt den Blick zurück in die Vergangenheit. Ein „trauriges" Ereignis muss verarbeitet werden.

Diese Grundgefühle werden durch Situationen, Triebe und Intuitionen gefärbt und treten in den unterschiedlichsten Erscheinungsformen auf. So kann z.B. Eifersucht als Angst vor dem Verlust des Partners zusammen mit Aggression, Trauer und Freude auftreten. Im ersten Fall gibt es Streit, im zweiten Trennung und im dritten gesteigerte Zärtlichkeit.

Die Gefühle, welche im materiellen Körper erlebt werden, sind nur sehr grobe Erscheinungsformen des Astrallebens. Astralgefühle sind differenzierter, feiner und sozusagen schwereloser.

Intuitionen sind sehr viel schwieriger zu beschreiben als Gefühle. Die meisten Menschen halten jede zerebrale Fehlfunktion, jede verrückte Idee und oft auch Gefühle für Intuitionen. Ich will versuchen, in etwa zu beschreiben, was wir darunter verstehen.

Wenn man daran interessiert ist, eine Aufgabe oder ein Problem zu lösen, so braucht man Informationen. Mit Hilfe dieser Informationen versucht man dann, einen Lösungsweg zu finden. Dieser Weg kann zum Erfolg oder zum Misserfolg führen.

Nun gibt es Menschen, die sehr genau und ausführlich Informationen sammeln, bevor sie sich für einen Lösungsweg entscheiden und andere, die das mit sehr wenig Informationen versuchen. Außerdem gibt es Probleme, über die sehr viele Informationen zugänglich sind, und andere, bei denen nur sehr wenige Informationen zugänglich sind. Weiterhin gibt es Menschen, die selbst mit wenigen Informationen erfolgreiche Lösungen finden, und es gibt Menschen, die selbst mit sehr vielen Informationen erfolglos sind.

Probleme können wissenschaftlich analysiert werden. Kann man feststellen, welche Gegebenheiten eine Problemsituation beeinflussen, und in welcher Art sie das tun, dann weiß man, was getan werden muss, um das Problem zu lösen. Es sind genügend Informationen für eine erfolgreiche Problemlösung vorhanden. Dies alles berücksichtigend, ergibt sich folgende Einteilung:

- **Rational** heißt: Aus genügend Information einen Lösungsweg ableiten, welcher in der Anwendung erfolgreich ist.
- **Dummheit** heißt: Mit genügend Information einen Lösungsweg wählen, welcher in der Anwendung erfolglos ist.
- **Spekulation** heißt: Aus ungenügend Information einen Lösungsweg spinnen, welcher in der Anwendung erfolglos ist.
- **Intuition** heißt: Mit ungenügend Information einen Lösungsweg sehen, welcher in der Anwendung erfolgreich ist!

Intuition ist ein ästhetisches Gespür für Muster, sodass erfolgreiches Verhalten möglich, obwohl rational nicht begründbar ist.

Triebe sind sehr langsam. Der Mensch verspürt Hunger und selbst wenn er in den nächsten drei Tagen nichts zu essen findet, verhungert er nicht. Wenn er weiß, wo er Essen findet, kann er sich Zeit lassen. Selbst wenn er stundenlang zu seinem Essen laufen muss, die Welt wird sich in dieser Zeit kaum verändern. Die materielle Ebene ist sehr stabil.

Rationalität ist ähnlich langsam wie Triebe. Die Situation muss erforscht und analysiert werden, Hypothesen über Zusammenhänge müssen aufgestellt und getestet, Lösungswege im Experiment erprobt werden. Aber oft ist die notwendige Zeit vorhanden, denn die materielle Welt ist sehr stabil.

Gefühle sind schneller als Triebe. Gefühle sind schnelle Urteile über Situationen. Sie beurteilen zum einen, welche Reaktion erforderlich ist und zum anderen wie schnell die Reaktion erfolgen sollte. Ersteres wird durch die Art des Gefühls ausgedrückt, letzteres durch die Intensität.

So mag eine als gefährlich beurteilte Situation Angst auslösen, deren Spektrum von Vorsicht bis Panik reichen kann. Durch Gefühle sind wir in der Lage blitzartig zu reagieren, also auch in instabileren Situationen, wenn schnelles Handeln erforderlich ist, zu überleben.

Dennoch haben Gefühle gravierende Nachteile, denn sie sind spekulativ. Selbst wenn genügend Informationen vorhanden sind, Gefühle nutzen für die Entscheidung nur einen geringen Bruchteil der Informationen. Dadurch kommen sie oft zu unangemessenen Entscheidungen und erfolglosen Problemlösungen. Für das reine Überleben reichen die gefühlsmäßigen Situationseinschätzungen und

Entscheidungen fast immer, werden höhere Ziele verfolgt häufen sich die Fehler.

Intuition benutzt, im Gegensatz zu Gefühlen, alle Informationen, die zu einem gegebenen Zeitpunkt gleichzeitig verfügbar sind, und aufgenommen werden können. Das sind fast immer zu wenig Informationen, um rational ein erfolgreiches Verhalten finden zu können. Dennoch konstruiert Intuition daraus einen erfolgreichen Lösungsweg.

Nun müssen wir noch einmal auf Rationalität zurückkommen. Rationales Denken ist der Seele nicht fremd, aber es ist nicht ihr normaler Funktionsmodus, sondern ihr Lernmodus. Die Rationalität der Seele hat wenig mit dem schwerfälligen Denken von Sterblichen zu tun. Die Seele denkt im Lernmodus in einem hauchfeinen, glasklaren Gespinst von Gedanken.

Etwas entfernt Ähnliches habe ich unter Sterblichen nur bei begnadeten Mathematikern und Logikern erlebt, wenn sie Ableitungen, in sehr vertrauten formalen Kalkülen, fast intuitiv konstruieren. Die einzelnen Schritte eines mathematischen Beweises folgen nach präzisen Regeln aufeinander. Welche Regel jedoch angewendet wird, ist dem Ingenium des Beweisenden überlassen. Je nachdem, welche Regeln angewendet werden, kommt man zum gewünschten Ergebnis oder nicht. Es gibt keine Regeln dafür, welche Regeln angewendet werden müssen. Also bleiben: Viele Versuche oder aber: Intuition.

Man sollte nun aber nicht denken, dass begnadete Mathematiker notwendig eine strahlende Seele hätten. Sie haben nur in einem begrenzten Bereich, den sie durch jahrelanges Training quasi-automatisch beherrschen, diese Leichtigkeit des Denkens erworben. Die Intuition der Seele beschränkt sich nicht auf Modelle, welche jahrelang eingeübt wurden. Die Seele, könnte man metaphorisch sagen, enthält Modelle, mit denen intuitiv solche, z.B. mathematischen Modelle, zur Verfügung stehen. Für Nicht-Mathematiker könnte folgendes **Beispiel** anschaulich sein:

Nimm dir eine Einführung in die moderne Mathematik, welche über die Topologie bis zur Theorie der Kategorien geht. Lies dieses Buch so schnell, wie du einen Kriminalroman lesen würdest. Wenn du danach alle Fragen und Aufgaben zu dem in diesem Buch behandelten Stoff, ohne noch einmal nachzuschauen, und ohne brütendes Denken lösen kannst, dann hast du eine ungefähre Vorstellung von den Möglichkeiten der Seele.

Gefahren der Entwicklung

Heutzutage ist es „in" zu meditieren, sich an Mind-Machines zu hängen, Sensibilität zu praktizieren und Körperverspannungen aufzulösen. Das ist gut, wenn man weiß, was man tut. Aber es gibt auch einige Gefahren, und über einen Gefahrenbereich möchte ich hier einiges sagen.

Alle Übungen und Praktiken, welche Muskelverspannungen lösen, welche Sensibilität und Lebensfreude erhöhen, stärken den Astralkörper. Das ist ein sehr wünschenswerter Effekt. Werden diese Praktiken intensiver betrieben, so treten Ekstasephänomene auf. Eine weitere Steigerung führt zum Aufstieg der Kundalini-Schlange und dann zur Lösung des Astralkörpers.

Die Gefahren, von denen ich hier sprechen will, beginnen erst mit dem Auftreten von Ekstasephänomenen. Vorboten von Ekstasen sind die sogenannte kleine Ekstase, welche als Wonneschauer auftritt. Danach kommen Lichtphänomene. Die nächste Stufe sind kinästhetische Energie-Blitze. Ab dieser Stufe sprechen wir von Ekstasephänomenen. Die Energie, welche sich in derartigen Ekstasephänomenen ausdrückt, wurde von den alten Indern als Kundalini bezeichnet, wir werden diese Bezeichnung beibehalten.

Wenn der Astralkörper stärker wird, so müssen auch seine tragenden Bestandteile, das Gerüst oder die Struktur, stärker werden. Man kann das gut dem Wachstum des Kindes vergleichen. Wenn die Muskeln wachsen, müssen auch die Knochen wachsen, ansonsten bricht der Körper irgendwann zusammen, da die Knochen die Masse des Körpers nicht mehr tragen können.

Für den Astralkörper sind zwei Strukturen zu beachten, die Astralform und die Seele. Die **Seele** wächst durch Komplexitätssteigerung, ein recht langwieriger Prozess. Die **Astralform** wächst, wenn der Astralkörper mehr Kraft bekommt. Die Struktur braucht jedoch länger als die Kraft.

Ab dem Zeitpunkt des Auftretens von Ekstasephänomenen wird der Astralkörper sehr schnell kräftiger. Die Struktur kann mit diesem Tempo nicht mithalten. Als Folge wird der Astralkörper lockerer, sein Zusammenhalt wird weniger fest. Solange die richtigen Ekstase-, Meditations- und sonstigen Übungen korrekt und regelmäßig gemacht werden, hat das keine nachteiligen Folgen. Diese Übungen fördern die Strukturbildung und Harmonisierung, sodass die Lockerung durch weiteren Energiezuwachs aufgefangen wird.

Zum Zeitpunkt der ersten willentlichen Lösungen des Astralkörpers hat dieser das ungünstigste

Verhältnis zwischen Kraft und Zusammenhalt erreicht.

Werden irgendwann im Verlauf dieses Wachstumsprozesses die Übungen nicht mehr regelmäßig korrekt durchgeführt, so lösen sich ganze Schwaden vom Astralkörper ab. Er wird dadurch immer schwächer. Das kann bis zur völligen Auflösung des Astralkörpers führen. Selbst im günstigsten Fall bleibt der Astralkörper dauerhaft geschwächt, weil bei diesem Auflösungsprozess auch die Strukturen geschwächt werden und deshalb nur noch ein sehr niedriges Energielevel zusammenhalten können. Dieses Phänomen steckt hinter dem bekannten Wort: Wer am höchsten gestiegen ist, kann am tiefsten fallen.

Die Schwächung des Astralkörpers wird gewöhnlich noch von Illusionen über das dauerhaft Erreichte begleitet. Die Phänomene, welche einmal erlebt wurden, werden als dauerhafter Besitz betrachtet und daraus wird dann gefolgert, dass Unsterblichkeit schon erreicht sei. Die eigene Komplexität wird weiterhin als hoch angesehen, obwohl nur noch rigider Infantilismus vorliegt. Dadurch besteht kaum noch eine Möglichkeit, Einsicht in den eigenen beschädigten Zustand zu gewinnen.

Der Rückfall erfolgt fast immer durch Verabsolutierung primitivster Familienschemata, welche ja auch die frühesten Schemata sind, welche in der Sozialisation erlernt wurden. Der Partner wird faktisch zum unanzweifelbaren Beschützer verabsolutiert, während man gleichzeitig in dem Wahn lebt, ein hochkomplexer und kritischer Mensch zu sein.

Diese Vorgänge sind psychologisch alle sehr verständlich. Das ändert aber nichts daran, dass sie pathologisch sind. Eine Heilung ist kaum möglich, weil derartige Menschen in unserer Gesellschaft als normal betrachtet werden, was sie vom Standpunkt des common sense auch sind. Vom Standpunkt des Immortalisten haben sie Selbstmord begangen.

Bevor du dich ernsthaft auf Immortalisten-Training einlässt, solltest du diese Gefahren wohl bedenken.

Kommunikation und Realität

Eine wichtige Einsicht, welche jeder Kandidat verinnerlichen muss, ist die, dass die Welt anders ist, als er bisher dachte. Die meisten Menschen erwarten von Erleuchteten, dass sie ihnen die Wahrheit über die Welt sagen können, dass sie Einsicht in das Wesen der Dinge haben.

Immortalisten wissen sicherlich etwas mehr als jene Sterblichen, die unter Sterblichen als Erleuchtete, Heilige, Gurus oder Wissenschaftler bezeichnet werden. Aber wenn du sie fragst, wie die Welt wirklich ist, wer die Welt erschaffen hat, was wahr ist etc., werden sie dich erstaunt anschauen und dich nicht verstehen. Sie werden dich fragen, was diese Begriffe und Fragen bedeuten.

Das liegt jedoch nicht daran, dass sie ein heiliges mystisches Geheimnis zu verbergen haben. Es liegt einfach daran, dass du selbst nicht weißt, was diese Fragen bedeuten sollen.

Wenn du das nicht glaubst, dann unterhalte dich mit einem Philosophie-Studenten nach dem ersten Semester. Stelle ihm diese Fragen. Er wird dir sagen, dass die Philosophen seit 2000 Jahren darüber rätseln, was diese Fragen bedeuten sollen.

Du würdest erfahren, dass es etwa zehn Klassen grundverschiedener Theorien darüber gibt, was Wahrheit bedeutet und wie man sie feststellen kann. Aber alle diese Theorien haben grundlegende Schwächen. Selbst Philosophen, die alles wissen, was jemals über Wahrheit gedacht wurde, und selbst ihr ganzes Leben darüber nachgedacht haben, wissen entweder nicht genau, was sie mit dem Begriff „Wahrheit" meinen, oder sie wissen nicht, wie diese festgestellt werden könnte.

Was dir Immortalisten über Wahrheit sagen könnten, wäre für dich bedeutungslos, denn du hast nicht die gleichen Erfahrungen wie sie. Du könntest unmöglich verstehen, was sie meinen. Ich werde dir deshalb zu dem Thema „Wahrheit" nichts sagen. Ich werde dir jedoch eine Methode zeigen, die Frage besser zu verstehen. Mit dieser Methode kannst du Erfahrungen machen, die dich einer Antwort näher bringen.

Richte dich nach den folgenden drei Postulaten:

1. Es gibt nur eine Wahrheit: **Du wirst immer die Folgen deines Handelns erleben**.

2. Übersetze alles was du hörst, siehst, liest oder weißt in eine Regel, welche eine Zukunftsvorhersage macht: **Wenn ich dieses täte, wäre jenes die Folge**. Jede Aussage hat nur Bedeutung, wenn sie eine Zukunftsvorhersage enthält. Alles was keine Zukunftsvorhersage enthält, hat keine Bedeutung.

3. **Prüfe, ob die Vorhersagen eintreten**, indem du die Regel anwendest. Wenn die Vorhersage eintritt, ist die Regel für dich brauchbar. Prüfe, ob andere Menschen die Regel auch bestätigen. Prüfe, ob die Regel mit deinem sonstigen Wissen übereinstimmt.

Betrachten wir ein **Beispiel**. Jemand sagt dir: „Es gibt eine Stadt, die Berlin heißt." Diese Aussage könntest du z.B. in folgende **Regeln, die eine Zukunftsvorhersage machen**, übersetzen:

- Wenn du auf der Autobahn den Wegweisern nach Berlin folgst, wirst du irgendwann zu einem großen Schild mit der Aufschrift „Berlin" kommen. Dahinter wirst du eine große Häuseransammlung sehen.
- Wenn du inmitten dieser Häuseransammlung einen Menschen fragst, wo du bist, dann wird er dir sagen: „In Berlin".
- Wenn du auf eine Landkarte von Deutschland schaust, wirst du dort einen großen roten Fleck finden, an dem „Berlin" steht.

Oder jemand sagt dir: „In dieser Tasse ist Kaffee". Regeln für dieses **Beispiel** wären:

- Wenn du in die Tasse schaust, wirst du etwas Schwarzes sehen.
- Wenn du die Tasse umkippst, wird dieses Schwarze auslaufen.
- Wenn du kostest, wirst du etwas leicht Bitter-Aromatisches schmecken.

Versuche, die Regeln für Wahrheit, Sterblichkeit, Gott, Astral, Liebe, Mutter, Schöpfung zu finden. Finde die Regeln für die Begriffe, die dir besonders wichtig sind.

Diese Methode mag dir kompliziert oder banal erscheinen. Ich verspreche dir jedoch: Wenn du diese Methode einige Zeit konsequent anwendest, wird nichts mehr so sein, wie es vorher war.

Du wirst z.B. anfangen zu begreifen, dass du die Menschen bisher kaum verstanden hast. Du wirst beginnen zu verstehen, was die Menschen meinen, wenn sie etwas sagen. Du wirst auch lernen herauszufinden, ob andere wirklich verstanden haben, was du ihnen sagen wolltest. Du wirst auch lernen, sensibler und klarer zu kommunizieren. Dein Verhältnis zu Sprache und Kommunikation wird sich grundlegend ändern. Das alles wird Folgen haben und das Ergebnis wird dich vermutlich ziemlich überraschen.

Dieses Kapitel heißt: Kommunikation und Realität. Stelle die Regeln auf, welche diesen beiden Begriffen Bedeutung geben. Achte darauf, was dich die Anwendung der Methode über Kommunikation und Realität lehrt. Es könnte deine erste Lektion in Unsterblichkeit sein.

Vor allem wird es deine erste Lektion in den Lehr- und Ausbildungsmethoden der Immortalitäts-Trainer sein. Du erhältst Regeln, nach denen du handelst. Dadurch machst du neue Erfahrungen. Dies ist eine Methode, um praktisches Wissen zu vermitteln.

Reinkarnation - wie geht denn das?

Sonja, ein Mensch wie du und ich, irgendwo auf diesem Planeten, trauert um ihre kürzlich verstorbene Mutter. Ihre Mutter litt in den letzten Lebensjahren unter der Parkinsonschen Krankheit und Alterssenilität. Sie hatte nicht mehr viel gemeinsam mit der lebenssprühenden intelligenten Frau, die sie einmal war. Dennoch ging Sonja der Verlust sehr nahe. Wie viele Menschen glaubt Sonja an ein Leben nach dem Tod. Zwar ist ihr nicht so ganz klar, wie dieses Nachtod-Leben genau aussehen soll, aber irgendwie denkt sie an eine Seele, die ohne den alten Körper weiterlebt. Manchmal denkt sie, dass ihre Mutter vielleicht irgendwo reinkarniert sein könnte, vielleicht um neue Aufgaben auf ihrem Entwicklungweg zu erfüllen. Ein Priester sagte ihr nach der Beerdigung, dass ihre Mutter am Jüngsten Tag wieder von den Toten auferstehen werde. Sonja hält beides für möglich. Es ist ihr nicht so wichtig. Worauf es ankommt ist, dass ihre Mutter noch lebt oder wieder leben wird. Natürlich ohne Parkinsonsche Krankheit und Senilität - so lebendig und gesund, wie sie früher einmal war.

Wir alle kennen solche Situationen, und viele Menschen machen sich Gedanken darüber, wie es nach dem Tode weitergeht. Die meisten Menschen haben eine vage Vorstellung von irgendeiner Art Nachtod-Leben. Bedenken wir aber, wie wichtig dieses Thema für unser gegenwärtiges Lebens ist, dann müssen wir feststellen: vage Vorstellungen reichen nicht aus. Warum? Weil unsere Vorstellungen über das, was nach dem Tode geschieht, wichtig für unser gegenwärtiges Leben sind.

Wenn ich z.B. annehme, dass mit dem Tod alles beendet ist, dann gibt es keinen Grund, sich um irgendetwas anderes zu kümmern als um sich selbst. Wenn nach diesen 70 oder 80 Jahren alles beendet ist, dann muss ich aus diesem Leben herausholen, was nur herauszuholen ist - ohne Rücksicht auf andere Menschen. Die Folge solcher Lebensauffassung wird ein intelligenter Egoismus gepaart mit selbstverständlichem Werterelativismus sein. Bei dem einen Menschen mag das darauf hinauslaufen, dass er versucht, soviel Vergnügen aus dem Leben herauszuholen wie möglich, bei dem anderen Menschen mag daraus eine Verbrecherlaufbahn resultieren und der Dritte mag ein neuer Hitler werden.

Wenn ich z.B. annehme, dass ich am Jüngsten Tag wiederbelebt und für meine Taten gerichtet werde, dann macht es einen großen Unterschied, wie ich diese einmalige Chance des Lebens nutze. Das Urteil, welches am Jüngsten Tag über mich gefällt wird, entscheidet über den Rest meines ewigen

Lebens: Eine Ewigkeit unter Höllenqualen, eine Ewigkeit in himmlischer Ekstase oder eine Zeit in den Qualen des Fegefeuers mit folgendem Himmelsaufenthalt. Es gibt keinen Vorteil in diesem Leben, der eine Ewigkeit der Höllenqualen aufwiegen könnte. Folglich muss ein Mensch, der daran glaubt, den Geboten des himmlischen Richters möglichst wortgetreu folgen.

Wenn ich z.B. annehme, dass ich nach diesem Leben wieder reinkarnieren werde, dann gibt es mehrere Möglichkeiten. Man könnte z.B. der Ansicht sein, dass jeder so lange reinkarniert, bis er Erleuchtung – was immer das im Einzelfall bedeuten mag – erlangt hat. In diesem Fall ist es ziemlich egal, was ich in diesem Leben tue, es gibt ja immer wieder eine neue Chance. Man könnte z.B. der Ansicht sein, dass man in jedem Leben eine Entwicklungsaufgabe zu erfüllen habe und im nächsten Leben die karmischen Wirkungen der Verfehlungen des jetzigen Lebens abarbeiten muss. Alles würde irgendwie ausgeglichen. Das würde bedeuten, dass gute Taten langfristig belohnt, schlechte Taten langfristig immer bestraft würden. Böse Taten würden sich folglich nicht lohnen. Der kurzfristige Vorteil, den sie bringen mögen, würde langfristig zunichte gemacht. Man müsste sich also so verhalten, dass man möglichst wenig schlechtes und möglichst viel gutes Karma ansammelt. Das bedeutet, da Karma gewöhnlich ethisch verstanden wird, dass man seine Handlungen möglichst umfassend an einer bestimmten Ethik orientieren sollte.

Die letzte Möglichkeit ist die Annahme, dass es von den eigenen Taten in diesem Leben abhängt, ob man nach dem körperlichen Tod endgültig tot ist oder weiterleben kann. Das könnte z.B. der Fall sein, wenn die Seele durch bestimmte Taten wächst und gedeiht bzw. durch andere Taten geschwächt wird und zerfällt. Welche Taten zu dem einen oder dem anderen Ergebnis führen, muss nicht notwendig eine Frage der Ethik sein. Es können entsprechende Naturgesetzlichkeiten vorausgesetzt und damit pragmatische Handlungsregeln gefordert sein. Auf jeden Fall müsste man sich immer so verhalten, dass die Seele wächst und gedeiht.

Die Alternativen sind also:

- Alle werden irgendwann erleuchtet: Es ist egal, was ich tue.
- Tot ist tot: Ich folge meinen Begierden bzw. es ist egal was ich tue.
- Jüngstes Gericht: Folge den Geboten Gottes bzw. des göttlichen Richters.
- Karma: Folge den ethischen Regeln des karmischen Gesetzes.
- Handlungsabhängig Tod oder Leben: Folge den Gesetzen des Gedeihens der Seele.

Ich denke, dass diese Beispiele ausreichen, um zu zeigen, dass es entscheidend wichtig für unser jetziges Leben ist, zu wissen, was nach dem Tode kommt. Das erste Problem, was sich stellt, ist das Problem der Identität. Wer oder was ist es denn, was da wiederbelebt wird oder reinkarniert? Klar, jeder sagt: „Ich" oder „Selbst" - aber so einfach ist es nicht.

- Wie stellst du fest, ob du das bist, was du „ich" nennst?
- Hast du einen Körper oder bist du ein Körper?
- Hast du eine Seele oder bist du eine Seele?
- Wenn du einen Körper hast, dann bist du etwas anderes als dein Körper.
- Wenn du eine Seele hast, dann bist du etwas anderes als deine Seele.
- Wenn du eine Seele hast, aber nicht deine Seele bist, dann würde eine Reinkarnation deiner Seele nicht eine Inkarnation von dir sein.
- Erinnere dich, wie hast du vor zehn Jahren ausgesehen? Halte die Erinnerung fest: Woher weißt du, dass du das bist, an was du dich gerade erinnerst?

Wenn man annimmt, dass Menschen nach dem Tode weiterleben, dann kann der Körper nicht du sein. Der Körper ist es ja, der stirbt und verwest. Was da weiterlebt, muss also etwas unkörperliches sein, gewöhnlich Seele genannt. Postulieren wir also eine

Seele. Die Seele bist du ohne deinen Körper. Was ist die Seele, wenn sie du ohne Körper ist?

Was ist es, dass dich als du ausmacht, wenn dein Körper weg ist? Dieses Frage wird in der Philosophie seit zwei Jahrtausenden diskutiert, seit einigen Jahren auch in der Psychologie. Ich denke, dass es nur eine plausible Antwort gibt:

Alle Erfahrungen, die du in deinem Leben gemacht hast und über die du verfügst, all deine Kenntnisse, Fertigkeiten, Fähigkeiten und Erinnerungen, die du jetzt hast, machen das aus, was du jetzt bist. Das ist es, auf was der Begriff „Ich" verweist.

Diese Charakterisierung darf man aber nicht statisch verstehen. Die Geschichte deiner Erfahrungen gehört zu deiner Identität. Eine über das körperliche hinausgehende Identität, kannst du nur dadurch haben, dass der Zusammenhang mit allen bisher von dir gedachten Gedanken in jedem neuen Gedanken durch den Selbstentwurf von dir als dich im Denken immer wieder neu hergestellt wird.

Anders ausgedrückt: Diese Charakterisierung der Identität stimmt im wesentlichen mit den Beschreibungen der Mystiker aller Zeiten und auch der mehr praktisch ausgerichteten Religionen, wie z.B. des Buddhismus überein. Sie alle versichern uns, dass das Ich nichts Festes ist, sondern sich im ständigen Werden und Vergehen immer neu erzeugt. Identität ist ein dynamischer Prozess und die Identität eines Prozesses besteht nur in seiner Kontinuität.

Man kann sich das gut vergegenwärtigen, wenn man Berichte über Menschen mit Amnesie oder schweren Gehirnverletzungen liest. In solchen Fällen treten regelmäßig schwere Persönlichkeitsveränderungen auf, teilweise zeigen erwachsene Menschen die Persönlichkeit von zehnjährigen Kindern. Wenn der Zusammenhang zum vorherigen Leben durch eine Amnesie zerstört ist, haben wir einen anderen Menschen vor uns als vorher. Manche Amnesien sind nur partiell, dann sind noch Züge der vorherigen Persönlichkeit erkennbar.

Wir müssen also den Begriff der menschlichen Identität als ein Kontinuum auffassen. Wenn jemand seine gesamte Vergangenheit vergessen hat, dann muss er eine neue Identität erwerben. Das einzige, was diesen neuen Menschen mit dem alten Menschen verbindet, ist der Körper. Wenn jemand Teile seiner Vergangenheit vergisst, wird man von einer teilweisen Identität ausgehen.

Da alle Menschen immer Erfahrungen und Erinnerungen vergessen, ändert sich die Identität jedes Menschen streng genommen in jeder Sekunde. Da aber dabei der größte Teil der Erfahrungen, insbesondere wichtige Erinnerungen, erhalten bleiben, können wir den Menschen im Normalfall als mit sich identisch, als mit seinem gestrigen und vorjährigen Ich identisch, erleben.

Damit stoßen wir auf ein Problem der Reinkarnation. Falls Menschen inkarnieren, erleiden offensichtlich fast alle Menschen bei der Geburt eine Totalamnesie. Sie müssen alle Fertigkeiten neu lernen, können nicht einmal sprechen, haben alle Fähigkeiten vorheriger Leben verloren und auch keine Erinnerung an solche Leben. Klar ausgedrückt: Falls du reinkarnierst, werden normalerweise alle Fähigkeiten deines jetzigen Lebens, sowie alle Erinnerungen an dein jetziges Leben, vollkommen verloren sein.

Würdest du diesen neuen Menschen, der von dir nicht mehr das geringste weiß, der nichts von dem kann, was du kannst, der nicht die geringste Ähnlichkeit in seinem Denken und seinen Handlungen mit dir hat, wirklich als „Das bin ich" bezeichnen?

Mit all dem, was du jetzt „ich" nennst, hätte dieser neue Mensch jedenfalls nichts mehr zu tun. Das ist letztlich auch das Problem mit der Theorie, dass Menschen in den Inkarnationen irgendetwas lernen, was sie dann ins nächste Leben mitnehmen. Wenn das so wäre, dann müssten die Unterschiede zwischen den Menschen, insbesondere die spirituellen Unterschiede, viel größer sein als sie sind. Die Menschheit an sich, müsste viel spiritueller, ethischer und vollkommener sein als sie ist. Die tatsächlichen Unterschiede zwischen den Menschen lassen sich problemlos als Folge von Genen und Umwelt erklären. Die Zwillingsforschung der letzten Jahrzehnte hat das ziemlich eindeutig nachgewiesen. Es wurde kein einziger Fall eines Menschen beobachtet, der irgendwelche merkwürdigen Fähigkeiten hätte, die man nicht natürlich erklären könnte.

Das lässt eigentlich nur die Möglichkeit offen, dass es einige Fälle dieser Art des Lernens durch Reinkarnationen geben mag, die Mehrzahl der Menschen aber niemals durch Reinkarnationen gelernt haben.

Nun gibt es aber Menschen, die sich, sei es durch Rückführungen oder spontan, an vergangene Leben erinnern. Ist bei diesen Menschen die Identität mit der erinnerten Inkarnation gegeben? Es gibt einige Argumente, die dagegen sprechen. Zum einen sind die Ergebnisse von Rückführungen sehr abhängig von der angewandten Technik und der Person des Rückführenden. Mit kleinen Änderungen im Setting kommen oft ganz verschiedene Vorinkarnationen zustande. Zum anderen ist bekannt, dass Menschen schon unter leichter Hypnose die unglaublichsten Geschichten, deren Falschheit nachprüfbar ist, konstruieren.

Aber, nehmen wir an, jemand würde sich so an eine vergangene Inkarnation erinnern, dass die Erinnerung nachprüfbar ist und als korrekt bestätigt werden kann. Damit ist nur bestätigt, dass die geschilderte Situation stattgefunden hat, nicht aber, dass die erinnerte Person eine Vorinkarnation war. Hier ist ja nur belegt, dass jemand eine Situation schildert, die er in diesem Körper nicht selbst erlebt haben kann.

Aber es sind andere Erklärungen als Reinkarnation möglich, von Einsicht in die Akasha-Chronik (ein Informationsfeld, in welchem alle je geschehenen Ereignisse gespeichert sind) bis zu Zeit überbrückender Fernwahrnehmung. Beide Möglichkeiten sind in der parapsychologischen Forschung bekannte Phänomene.

Um all diese Probleme zu überwinden, nehmen wir einfach an, dass irgendwie, z.B. jemand hat die Seele lange genug beobachtet, klar bewiesen wäre, dass ein Mensch die Reinkarnation eines anderen Menschen, der zeitlich früher gelebt hat, ist. Jetzt erinnert dieser Mensch sich, irgendwann in seinem Leben an Ereignisse aus dem Vorleben. Ist er dann mit diesem Menschen identisch?

Die Situation ist vergleichbar einem Menschen, der eine Totalamnesie erleidet. Er muss alles, selbst sprechen, laufen und essen wieder neu lernen. Er entwickelt eine völlig neue und andere Persönlichkeit als vorher, denn er macht ja ganz andere Erfahrungen. Nachdem er alle Fähigkeiten eines normalen Menschen unserer Kultur wieder erlernt hat, geht die Amnesie teilweise zurück - er erhascht den einen oder anderen Erinnerungsfetzen an sein Leben vor der Amnesie. Ist er jetzt identisch mit dem Menschen, der er vorher war? Nein, der Mensch, der er vorher war, ist unwiderruflich tot. Was man höchstens sagen kann: Ein wenig der vorherigen Identität ist vorhanden, vielleicht 10% - aber, würdest du dich noch als „Ich" bezeichnen, wenn du zu 90% anders wärst?

Wenn die Seele nichts anderes ist als die Menge der Erfahrungen eines Menschen, dann wird man wohl annehmen müssen, dass ein Mensch ohne Rückerinnerung keine Reinkarnation sein kann. Man könnte aber annehmen, dass die Seele eine Substanz ist, welche die Menge der Erfahrungen eines Menschen enthält. Dann könnte es sein, dass die Seele reinkarniert, aber die Persönlichkeit, d.h. alle Erfahrungen des Menschen, dessen Seele sie war, verloren ist.

Wenn nur die Seele inkarniert, ohne alle Erinnerungen und Erfahrungen, kann man kaum von einer Inkarnation der Person sprechen. Es ist eher so, als würde ein Körper nacheinander von verschiedenen Seelen bewohnt - aber obwohl es der gleiche Körper ist, würde man dennoch sagen: Es ist nicht der gleiche Mensch!

Von verschiedenen Inkarnation einer Person kann man nur dann sprechen, wenn der Erfahrungszusammenhang der Inkarnationen gewahrt bleibt.

Wenn dieser Erfahrungszusammenhang nicht gegeben ist, dann mag irgendetwas inkarnieren, z.B. eine Seelensubstanz, du als Person bist es jedenfalls nicht, was da inkarniert.

Dieses Problem ist nicht neu und es gibt zumindest einen Lösungsversuch. Das ist die Hypothese, dass der Mensch sich zwischen den Inkarnationen an alle seine Inkarnationen erinnert und sich dann Ort und Aufgaben der nächsten Inkarnation aussucht. Was verwundert ist, dass die vielen Berichte über Nahtoderfahrungen, zwar von einer Art Gesamterinnerung an das bisherige Leben berichten, nicht jedoch von einer Gesamterinnerung an alle Inkarnationen. Der Verfechter dieser Hypothese wird dagegen einwenden, dass die Nahtoderfahrung nicht tot genug war. Auch dann bleibt es verwunderlich, dass Menschen sich zwar an vergangene Inkarnationen erinnern können, nicht aber an die Zwischenzeit, in der sie angeblich alles wussten. Außerdem ist es schon merkwürdig, eine Aufgabe zu haben, von der man nichts weiß. Aber egal, nehmen wir das alles hin und fragen uns: Was wäre wenn?

Du würdest also nach deinem Tode als Seele irgendwo fröhlich dahin schweben und plötzlich hättest du neue Erinnerungen. Es überfluten dich massenhaft neue Erinnerungen von vielen, vielen Vorinkarnationen. Was würde geschehen? Deine jetzige Identität wäre rettungslos zerstört. Die Masse der Erinnerungen aus deinen Vorinkarnationen würde die paar armseligen Erinnerungen an dein letztes Leben völlig in irgendeinen nichtigen Winkel verweisen. Du wärst auf einmal eine völlig andere Persönlichkeit mit der Weisheit und Erfahrung von Jahrtausenden - und man fragt sich wirklich, wie man in einer Inkarnation, in der man diese ganzen Erfahrungen vergessen hat, etwas lernen sollte, das die Weisheit und Erfahrung dieses Wesens übertreffen könnte.

Jedenfalls: Von dir als Person würde auch in diesem Fall nichts übrigbleiben! Eine andere, größere Person würde deine Erfahrungen aufsaugen und weiterleben, du jedoch wärst rundum tot!

Kommen wir zurück zum Anfang, zu Sonja, die sich fragt, wie ihre Mutter jetzt lebt. Was können wir ihr antworten?

Mag sein, dass die Seele deiner Mutter reinkarnierte. Aber, wenn du diese Seele einmal treffen solltest, wirst du in ihr nicht das geringste von deiner Mutter wiederfinden können. Die Person, die du deine Mutter nanntest, ist tot!

Ist das wirklich alles so trostlos? Ich denke, normalerweise ist das so trostlos - aber es ist nicht zwangsläufig so trostlos.

Erinnern wir uns, dass wir die personale Identität als die Kontinuität der Erfahrung identifiziert hatten. Ein personal identisches Weiterleben nach dem Tode ist also direkt abhängig von der Fähigkeit, nicht zu vergessen. Wenn es uns gelingt, bewusst mit all unseren Erfahrungen weiterzuleben, dann können wir wirklich sagen: Was da weiterlebt bin ICH.

Für solch ein personales Weiterleben sind zwei Ansätze zu erkennen:

1. Die Tradition der Totenbücher und Totenrituale: Das sind uralte Traditionen, die darauf abzielen, der Seele nach dem Tode Informationen zukommen zu lassen, wie sie sich verhalten soll. Damit soll zum einen die Reinkarnation als Mensch gesichert werden, damit kann zum anderen die

Wahrscheinlichkeit von Rückerinnerungen verstärkt werden. Mit dieser Methode kann personale Identität nicht vollkommen gesichert werden, aber zumindest steigt die Wahrscheinlichkeit, dass mehr von der gegenwärtigen Identität übrigbleibt.

2. Kundalini: durch die Befreiung der Kundalini kann die Seele bewusst und gezielt vom Körper getrennt werden. Dies ist die einzige Möglichkeit, seine personale Identität über den Tod hinaus sicher und vollständig zu bewahren, weil kein Bruch in der Kontinuität der Erfahrung auftritt.

Abschließend möchte ich anmerken, dass ich denke, dass die buddhistischen Lehren über Reinkarnation am korrektesten sind. Ich bin selbst kein Buddhist und kann auch die buddhistische Weltanschauung nicht teilen, aber der Buddhismus ist eine sehr praktische Religion und viele seiner Behauptungen scheinen mir aus der Erfahrung meditativer Praxis zu kommen, d.h. weder Theorie noch Glauben, sondern Erleben zu sein. Aber auch im Buddhismus reinkarniert kein personales „ich", sondern ein Komplex von Wirkkräften :)

Leserbrief zum Artikel „Reinkarnation – wie geht denn das?", von Frater Scindor Velorum

Ich habe Michael D. Eschners Artikel mit großem Interesse gelesen und bin der Ansicht, dass man seinen Ausführungen über das Wesen von Reinkarnation und den praktischen Ansätzen für ein personales Weiterleben nach dem Tod kaum etwas hinzufügen müsste. Allerdings sehe ich hinsichtlich der Intention, weshalb man sich beispielsweise durch Kundaliniarbeit seine personale Identität erhalten sollte, noch starken Diskussionsbedarf.

Ich bekam besonders am Ende des Artikels (aufgrund der Betonung der Wichtigkeit des Überlebens der personalen Identität) das Gefühl, dass sich hier wieder die alte Angst des Egos vor dem Verlöschen im Tod durch die Hintertür hereinschlich. Hier wird die Angst vor dem Vergessen, vor dem Ende der eigenen Existenz zur Triebfeder für spirituelle Entwicklung, und ich möchte die Frage stellen, ob so eine Triebfeder nicht letztendlich auf den falschen Weg führen kann (ich muss an dieser Stelle einen Crowley- Experten wie Eschner sicher nicht mit Old Crows zahlreichen Definitionen der Schwarzen Brüder langweilen, die in genau diese Richtung gehen).

Diese Angst ist nicht neu. Praktisch alle Hochreligionen missionieren mit ihr im Gepäck. In neuerer Zeit geht das evolutionär ausgerichtete Weltbild der Anthroposophen in eine ähnliche Richtung. Darin reinkarnieren Menschen selbstverständlich nur als Menschen (womit auch ausdrücklich die Herausgehobenheit und Getrenntheit des Menschen von der übrigen Natur betont wird), natürlich baut man in jeder neuen Inkarnation auf den Erfahrungen aus dem letzten Leben auf – die Vorstellung, dass das eigene Ich irgendwann mal enden könnte, scheint den Anthroposophen unerträglich zu sein, weshalb sie das Ideal der sich durch alle Reinkarnationen weiterentwickelnden Seele ausformuliert haben.

Noch deutlicher als in Eschners Artikel oder bei den Anthroposophen erkennt man bei Norbert Clarßen in seinem Buch „Das Wissen der Tolteken" die Sorge, die persönliche Identität könne mit dem Tode enden. Sämtliche schamanische Übungen, die er in seinem Buch beschreibt, zielen letztendlich darauf ab, die Freiheit über den Tod zu erlangen und zu verhindern, dass der mystische Adler, die Kraft, die den Kosmos erschaffen hat, im Augenblick des Todes die Bewusstheit des Sterbenden wieder verschlingt, die er ihm bei der Geburt verliehen hatte. Clarßen schreibt hierbei allen Ernstes vom „Einkassieren einer Leihgebür", als wäre das Multiversum ein kosmischer Krämerladen! In seinem System geschieht ausdrücklich jede Form von spiritueller Entwicklung aus Angst vor dem drohenden kosmischen Vergessen im Rachen des Adlers. Dies nur als Beispiel, wie weit verbreitet Theorien dieser Art sind.

Doch zurück zu Michael D. Eschners Artikel. Ich frage mich nach dessen Lektüre einfach, weshalb die personale Identität eigentlich unbedingt gesichert werden muss. Ist das tatsächlich so wichtig? Würde ich selbst es wollen, dass ich meine persönliche Identität über den Tod hinaus behalte? Wäre es tatsächlich so trostlos, die Seele eines geliebten Menschen wiederzutreffen und zu wissen, dass dessen alte Persönlichkeit für immer fort ist?

Nun - der leidenschaftliche Computerspieler in mir, der sich sehr gerne in viele verschiedene Identitäten begibt, fände es wohl auf die Dauer ziemlich langweilig, für immer dieselbe Identität zu besitzen. Ich empfände sicher das Wissen darum, dass eine geliebte Seele irgendwo weiterexistiert, sei es als Pflanze, als Mensch, als Brandungswelle oder als Roter Drache des Chaos, nicht als trostlos. Im Gegenteil: Die Beständigkeit der Existenz in unendlich vielen Spielarten ist für mich sehr tröstlich, unabhängig vom Vergessen, was meistens damit einhergeht.

Der Thelemit in mir, der sich die Entwicklung seiner Spiritualität auf die persönliche Lebensfahne geschrieben hat, beschäftigt sich natürlich auch mit der Freilegung der Kundalinikraft, aber nicht aus der Intention heraus, die persönliche Identität über den Tod hinaus zu sichern. Ich bin ein verflucht neugieriger Mensch, und ich will einfach wissen, was alles in mir steckt und wozu ich mich durch Trainieren meiner spirituellen Muskeln wohl noch weiterentwickeln kann - was noch alles durch spirituellem Fortschritt aus mir werden mag. Diese Lust an der Kunst ist meine primäre Antriebsfeder, nicht die Angst vor dem Erlöschen meiner Existenz im Tod. Sicher leugne ich nicht, dass mir bei dem Gedanken ans Sterben natürlich auch mulmig im Bauch wird. Aber dennoch will ich diese Furcht ganz bewusst nicht zum Motor meines Strebens machen.

Ich will den Berg besteigen, weil er da ist, nicht weil ich irgendwohin will. Diese Unterscheidung ist mir sehr wichtig, denn ich vermisse sie in vielen spirituellen Konzepten. Wenn mein Streben die personale Identität über den Tod hinaus mit sich bringen mag, dann werde ich mich damit auseinandersetzen, wenn es soweit ist.

Abschließend möchte ich diese Gedanken mit einer Aussage des Liedermachers Ludwig Hirsch, der sich in seinen Texten stark mit dem Tod auseinandersetzte, und der meinte, der Tod gebe gerade dadurch, dass der das Leben limitiere, erst einen Sinn, denn erst durch das Setzen dieser Grenze werde das Leben wirklich etwas Kostbares. Würde ich das Leben nicht seiner Kostbarkeit berauben, wenn ich es völlig darauf ausrichten würde, diese Limitierung zu überwinden?

Sterben oder nicht sterben? – eine kurze Antwort von MDE auf den Leserbrief von Frater Scindor Velorum

Erstmal, vielen Dank Frater Scindor Velorum. Die Frage, die du ansprichst, ist essentiell und deine Ausführungen treffen exakt die entscheidenden Punkte.

Ich halte die Angst vor dem Tod nicht für verwerflich. Es ist eine kreatürliche und existentielle Angst, die eben für das Überleben wichtig ist. Andererseits ist Leben an sich, nur um des Lebens willen, ohne einen Sinn, einen Zweck oder ein Ziel des Lebens zu haben, belanglos, einfach nur Biologie. Wenn die reine Angst vor dem Verlöschen im Tod Triebfeder des Strebens nach spiritueller Entwicklung ist, dann wird diese Entwicklung m.E. in die falsche Richtung führen bzw. spirituelle Entwicklung verhindern.

Das ist ähnlich der alten Frage „Freiheit wovon" oder „Freiheit wozu".

- •Die reine Freiheit von allen Bedingtheiten, ohne einen positiven Zweck, ist leer und nutzlos, unterscheidet sich letztlich nicht von Unfreiheit, denn es gibt keinen Maßstab des freien Handelns.
- •Nur eine „Freiheit wozu", d.h. eine Freiheit, die ein Ziel oder einen Zweck hat, ist eine operable Freiheit, ein Zustand, in dem Freiheit oder Unfreiheit ein Unterschied ist, der einen Unterschied macht, d.h. einen bedeutungsvollen Unterschied.

Wenn man leben will, nur um des Lebens willen, dann ist Leben oder Tod ebenso ein Unterschied, der keinen Unterschied macht, ein Unterschied der bedeutungslos ist. Gehen wir davon aus: Leben ist dann essentiell, wenn es einen Unterschied macht, der einen Unterschied macht. Ich nenne das den Sinn des Lebens. Leben und Tod machen nur dann einen bedeutungsvollen Unterschied, wenn das Leben einen Sinn hat.

Der Wahre Wille ist genau so ein Konzept, welches den bedeutungsvollen Unterschied, den Sinn, erfasst. Wenn der Mensch in der Eschatonischen Evolution (das Eschaton ist der Zustand der letzten Vollendung der Welt) eine Rolle spielt, wenn das Individuum seine Rolle in der Welt und in der Entwicklung der Welt erkennt und ausfüllt, dann hat Leben einen Sinn, denn es macht einen bedeutungsvollen Unterschied, ob solch ein Individuum lebt oder nicht lebt.

Damit kommen wir zum Problem der Identität. Ein Konzept von Reinkarnation, welches Lernen und Entwicklung durch Reinkarnation postuliert, aber entweder eine Erinnerung an vergangene Inkarnationen kontingent setzt und/oder die personale Identität zwischen Inkarnationen leugnet, ist selbstwidersprüchlich. Lernen basiert auf Erinnerung, denn ohne Erinnerung muss man alles immer wieder neu lernen und Entwicklung ist nicht möglich. Identität ist aber auch eine Frage des Gedächtnisses, denn Identität ist nichts anderes, als die Summe der Erfahrungen, die ein Lebewesen gemacht hat und macht.

Identität ist eine Relation, die transitiv, symmetrisch und reflexiv ist.

- Transitiv: Wenn A mit B und B mit C identisch sind, dann sind auch A und C identisch.
- Symmetrisch: Wenn A mit B identisch ist, dann ist auch B mit A identisch.
- Reflexiv: A ist mit sich selbst identisch.

Wenn wir den Inhalt der individuellen Identität, das Gedächtnis der Erfahrung, hinzunehmen, dann wird klar, dass es keine Identität ohne Erinnerung geben kann. Einen Wechsel der Identität in der Reihe der Erfahrungen kann es nicht geben, denn es handelt sich einfach um andere Identitäten.

Am Beispiel: Frater Scindor Velorum schreibt: „Wäre es tatsächlich so trostlos, die Seele eines geliebten Menschen wiederzutreffen und zu wissen, dass dessen alte Persönlichkeit für immer fort ist?" Hier wird eine Seele mit einer Identität als identisch mit der Seele mit einer anderen Identität gesetzt. Das kann dann nur bedeuten, dass irgendeine Seelensubstanz, die aber nichts mit einer individuellen Identität zu tun haben kann, identisch geblieben ist. Was soll das bedeuten?

Man kann das wohl übertragen auf den Fall, dass ein Körper, der zu einem Zeitpunkt eine geliebte Seele beinhaltet, zu einem späteren Zeitpunkt eine andere, mit der ersteren nichtidentische Seele beinhaltet. Man kann in diesem Fall den geliebten Körper wiedertreffen, aber nicht die Seele, die in diesem Körper gewohnt hatte, denn nun lebt eine andere Seele darin. Mir wäre es in diesem Fall ziemlich egal, ob die Substanz, hier der Körper, derselbe ist, ich würde die Seele, denn diese habe ich geliebt, nicht den Körper, wiedertreffen wollen.

Eine weitere Überlegung: „der leidenschaftliche Computerspieler in mir, der sich sehr gerne in viele verschiedene Identitäten begibt, fände es wohl auf die Dauer ziemlich langweilig, für immer dieselbe Identität zu besitzen." Zustimmung, wenn Identität etwas Statisches wäre. Aber die Identität einer Seele ist nichts Statisches, da sie sich mit jeder neuen Erfahrung verändert. Kontinuierlich sich verändernde Identität, insofern Identitäten, sind die Essenz der Seele. Ohne diese durchgehende Identität wäre es z.B. nicht auszuschließen, dass man immer wieder das gleiche Leben lebt - ohne es bemerken zu können. Was ja nun wirklich die unendliche Langeweile, welche Spannung nur durch Vergessen erzeugt, wäre und Entwicklung jeder Art völlig unmöglich macht.

„Diese Lust an der Kunst ist meine primäre Antriebsfeder, nicht die Angst vor dem Erlöschen meiner Existenz im Tod." Diesem Satz stimme ich voll zu! Das Leben ist ein unendliches Kunstwerk, welches alle meine vergangenen und zukünftigen Taten und Werke umgreift. Der Sinn dieses Lebens ist die Gestaltung der Eschatonischen Evolution: Dies ist mein Wille und mein Zweck und deshalb will ich ewig leben!

„... der Tod gebe gerade dadurch, dass der das Leben limitiere, erst einen Sinn" - das ist eine sehr alte philosophische Idee, die in der Moderne z.B. von Camus ausgearbeitet wurde. Ich denke, es ist genau umgekehrt: Der Tod beraubt das Leben jedes Sinns. Dem Tod Sinn zuzusprechen scheint mir eher ein verzweifelter Versuch, sich trotz der angenommenen eigenen Vergänglichkeit Bedeutung zuzusprechen. Wenn man Hunger hat, aber nichts zu Essen zu finden ist, kann man ja auch beschließen, man sei auf Diät.

Ein Letztes: Aus meiner Sicht ist die Erde lediglich der Kindergarten der Immortalisten. Leary brachte das mal auf den Nenner von der Raupe und dem Schmetterling: Wir irdischen Menschen sind Raupen, unsere natürliche Metamorphose ist der Immortalist! Das ist die Leistung, die von uns larvalen Lebewesen wirklich gefordert ist und das ist der erste Zweck dieses larvalen Lebens: ein bunter, sich mit den eigenen Flügeln in die lichte Höhe schwingender Schmetterling zu werden. Packen wir es an!

(Der Artikel „Reinkarnation - wie geht denn das?", der Leserbrief und die Antwort des Autors wurden zuerst veröffentlicht in „AHA Magazin des Neuen Äons", Heft 5/ 2001, Tiphareth Verlag, Bergen)

X.

MENSCHEN, TIERE UND DÄMONEN

Astral kann mit unterschiedlicher Dynamik und Form auftreten. Zur Erinnerung hier noch einmal einige Bezeichnungen:

- **Astral** bezeichnet den Inhalt oder den Trägerstoff der Astralebene. Es ist weder Materie noch Energie im irdischen Sinne.
- **Astralform** bezeichnet die stabileren, trägeren oder geregelteren Erscheinungsformen von Astral, das, was mit den Astralsinnen als relativ dauerhafte Form wahrnehmbar ist.
- **Astralfluid** bezeichnet die dynamischeren Erscheinungsformen von Astral, in denen kaum Regeln erkannt werden können oder deren Regeln sich fließend verändern.
- **Geist** bezeichnet die Fähigkeit zur kontinuierlichen Veränderung von Regeln und Gesetzen in Beziehung zu anderen Regeln und Gesetzen.

Astralkörper bestehen, wie die ganze Astralebene, aus Astralform und Astralfluid. Die (Natur-)Gesetze der Astralebene sind nicht stabil, wie die irdischen, sondern in ständiger Evolution begriffen. Außerdem gelten Gesetze nur in bestimmten Bereichen der Astralebene. In anderen Bereichen können ganz andere Gesetze gelten. Zwischen Bereichen mit verschiedenen Gesetzen bestehen manchmal sehr instabile Zwischenbereiche, manchmal sind die Übergänge auch eher kontinuierlich.

Man kann sich nicht darauf verlassen, dass Gesetze, welche in einem Bereich zu einer Zeit gelten, einige Zeiteinheiten später auch noch gelten. Genausowenig kann man sich darauf verlassen, dass Gesetze, welche in einem Bereich gelten, auch einige Entfernungseinheiten weiter genauso gelten. Andererseits gibt es durchaus Bereiche, in denen die gleichen Gesetze ziemlich stabil und lange funktionieren. Das Einzige, auf was man sich in der Astralebene verlassen kann, ist, dass man sich auf viel weniger verlassen kann, als im irdischen Universum.

Die Einteilung der Welt in **vier Elemente** gibt einen groben Überblick der Zustände in der Astralebene:

- **Erde**: Ein relativ stabiler Zustand mit relativ festen und dauernden Gesetzmäßigkeiten, wenig Geist und nur mit viel Aufwand formbar.
- **Luft**: Ein sehr instabiler Zustand mit unscharfen und sich verändernden Gesetzmäßigkeiten, sehr leicht formbar, aber die Form bleibt nicht erhalten, verfließt sofort wieder.
- **Wasser**:Ähnlich wie Luft, aber harmonischer, d.h. die Gesetzmäßigkeiten passen besser zueinander, weshalb es weniger, aber heftigere Turbulenzen gibt. Gut formbar, aber die Stabilität der Formen muss immer wieder gesichert werden.
- **Feuer**:Bereiche, welche mit Instabilität infizieren,

Bereiche sich steigernder und um sich greifender Fluktuationen.

Astralorganismen unterscheiden sich von ihrer Astralumwelt nicht nur dadurch, dass sie selbst organisierende Bereiche von Ordnung sind. Ordnung aus Fluktuation, also Selbstorganisation, ist in der Astralwelt ein Dauerzustand, der jedoch kaum dauerhafte Zustände schafft. Astralorganismen können grob charakterisiert werden als Bereiche der Astralebene, welche

- sich selbst organisieren,
- sich selbst reproduzieren (sich selbst, nicht Nachkommen),
- ihre Struktur gegenüber Umweltveränderungen durch Modifikation von Interaktionen aufrechterhalten können.

Man darf sich nicht vorstellen, dass es eine klare Grenze zwischen Astralorganismen und anderen Astralformen gäbe, die Übergänge sind fließend. In der materiellen Ebene gibt es z.B. Viren, Bakterien, Pilze, Pflanzen, Fische, Wirbeltiere, Säugetiere, Affen und Menschen. Der Übergang von Materie zu Organismus ist bei den Viren nicht so ganz klar, aber danach ist es eindeutig. Der Übergang von Instinkt zu Bewusstsein und Selbstbewusstsein ist bei den Wirbeltieren noch nicht so ganz klar, aber bei Affen ziemlich, bei Menschen klar eindeutig.

In der Astralebene sind diese Übergangsbereiche viel weiter gespannt. Man kann letztendlich nur pragmatisch entscheiden, welche Interaktionsstrategie man einsetzt – im Erfolgsfall war es die richtige.

Es gibt auf der Astralebene eine riesige Vielfalt von Organismen, welche sich bilden, eine Weile existieren und wieder vergehen. Es gibt Astralwesen ohne Seele, deren astrale Struktur und Kraft so groß sind, dass sie ihren Körper prinzipiell ewig erhalten könnten. Solche Wesen sind nicht im irdischen Sinne ohne Bewusstsein oder Intelligenz. Ganz im Gegenteil können sie Irdischen als sehr weise und intelligent erscheinen.

Andere Wesen haben zwar eine Seele, sind aber im irdischen Sinne ziemlich dumm und überleben nicht lange. Zur besseren Vorstellung hier eine kurze Aufstellung einiger mir bekannter Astralorganismen. Bei den Bezeichnungen habe ich mich ungefähr an der esoterischen Tradition orientiert:

Elementale: Astralorganismen ohne Seele. Die folgende Unterteilung greift nur vier Formen solcher Organismen heraus, es gibt jedoch alle Zwischenstufen.

1.1 **Gnome** (Erde): Relativ stabile Organismen, welche nur in relativ stabilen Astralumwelten überleben können. Beschäftigen sich hauptsächlich damit, stabile Umwelten zu erhalten. Gnome würden Menschen als gute Gesprächspartner erscheinen, da sie recht zuverlässig sind, d.h. ihre Regeln kaum ändern. Die Intelligenz reicht oft an die des normalen Menschen heran. Bedingt durch ihr oft sehr hohes Alter haben sie allerdings einen reicheren Erfahrungsschatz als ihn Irdische je haben können.

1.2 **Sylphen** (Luft): Sehr flexible Organismen, welche auch in hochfluiden Umwelten überleben können. Der Drang, Umwelten zu gestalten, ist ihnen fremd, da sie sich einfach den Fluktuationen der Umwelt anpassen, sozusagen mitschweben. Sylphen sind zu ungeordnet, um systematisch aus Erfahrungen lernen zu können, sie würden Menschen als fremd, unzuverlässig und sogar boshaft erscheinen. Ihr einziges Bestreben und Glück ist es, sich von Astralstürmen energetisieren zu lassen.

1.3 **Undinen** (Wasser): Weniger flexibel als Sylphen, aber flexibler als Gnome. Sylphen können in für Gnome geeigneten Bereichen überleben, auch wenn sie sich dort nicht wohlfühlen. Undinen hätten damit sehr viel mehr Probleme. Undinen sind mehr an Gestaltung interessiert als Sylphen, aber weniger als Gnome. Die von Undinen bewohnten und geformten Astralbereiche sind viel instabiler, als die von Gnomen. Es sind eigentlich nur Harmonisierungen von Instabilitäten. Menschen würden sich in diesen Bereichen in ihren eigenen Projektionen verlaufen. Undinen würden Menschen als etwas wechselhaft, manchmal warmherzig, manchmal kalt, jedoch oft als sehr intelligent erscheinen.

1.4 **Salamander** (Feuer): Sie können kaum als flexibel bezeichnet werden - eher als das Herz des Chaos und der Instabilität. Stell dir einen quasi-intelligenten Energiewirbel vor. Ernährung findet bei allen Organismen, auch irdischen, durch Umwandlung von Ordnung in Chaos, Aufnahme von Negentropie und Abgabe von Entropie, statt. Salamander leben jedoch in einem Bereich so hoher Negentropie, dass die Entropie, welche sie abgeben, immer noch so negentropisch ist, dass jede andere Umwelt als Feuer versengt und hochgradig instabilisiert wird.

Inkarnationen: Astralorganismen mit oder ohne Seele, welche eine materielle Trägerstruktur zur Selbsterhaltung benötigen. Je nach Stärke des Astralkörpers und Geistes können sie zwischen den Inkarnationen kürzer oder länger rein astral leben.

2.1 **Tiere**: Alle Tiere haben einen Astralkörper, bei manchen, besonders bei höheren Säugetieren (Affen, Delphine) ist eine kleine Seele erkennbar.

2.2 Menschen: Alle Menschen haben einen Astralkörper, die meisten eine Seele.

Immortalisten: Alle Immortalisten haben einen Astralkörper und eine Seele.

Götter: Götter sind mir noch nicht wahrnehmbar begegnet. Sie sollen jedenfalls keinen Astralkörper benötigen und es soll darüber auch Wesen geben, die nicht einmal mehr eine Seele benötigen. Aber ob das Astralmythen sind? Jedenfalls wird gesagt, dass bei den Uralten, d.h. bei sehr sehr alten Immortalisten, die schon vor sehr sehr langer Zeit Selbsterkenntnis erlangt haben und ihrem Wahren Willen folgten, irgendwann die Seele zu strahlender Helligkeit aufleuchtet und danach nur ein Astralkörper ohne Seele zurückbleibt. Diese Erzählungen sind sehr schwer zu prüfen, da Kommunikation mit einem Uralten kaum möglich ist. Zum einen findet man sie kaum, denn sie leben meist in unbekannten Bereichen. Außerdem können sie den Glanz ihrer Seele verbergen, um nicht erkannt zu werden. Zum anderen haben sie eine Komplexität erworben, die selbst erfahrenen Immortalisten unbegreiflich ist. Zum Dritten sind ihre Interessen kaum nachvollziehbar und zum Vierten haben sie eine Verständigungsform entwickelt, die anderen nur sehr partiell zugänglich ist. Wie das mit den

Göttern wirklich ist, wissen, wenn überhaupt, nur die Uralten – aber es gibt Dinge, über die reden sie nicht zu anderen, weil, wie mir einer sagte, nur Uralte die nötige Komplexität haben, um verstehen zu können.

Es scheint so, als ob die Seele sich nur durch Inkarnation entwickeln kann. Dies ist ein Grund dafür, warum Elementale manchmal inkarnieren wollen. Dies ist jedoch für sie recht schwierig. Man darf nicht vergessen, dass Elementale, bevor sie die Intelligenz eines Menschen oder sogar mehr erreicht haben, schon sehr lange ge- und überlebt haben. Sie haben einen reichen Erfahrungsschatz und eine starke Identität. Diese wird durch eine Inkarnation und die folgende Sozialisation nicht einfach weggewischt. Elementale brauchen oft sehr viele Inkarnationen, bevor sie imstande sind, in einer menschlichen Gesellschaft zu leben, sowie eine Seele zu entwickeln und zu stärken.

Bei der Inkarnation von Elementalen entwickelt sich oft kein Seelenfünkchen. Es scheint, als ob eine natürliche Abstoßungskraft zwischen dem Astralkörper von Elementalen und der Seele bestünde. Das Elemental muss dann wieder und immer wieder inkarnieren, bis es klappt, ein Seelenfünkchen entsteht, sich mit dem Astralkörper verbindet und wächst.

Elementale beginnen ihre Inkarnation oft in Tieren, das ist für viele ein schnellerer Weg, ihren Astralkörper für eine Seele empfänglich zu machen.

Wenn Elementale eine Seele erhalten, bleibt ihre alte, ihre astrale Identität, erhalten, es kommt nur etwas neues hinzu. Wenn Menschen jedoch ihre Seele verlieren, behalten sie nur Teile ihrer astralen Struktur übrig, ein großer Teil schwindet mit der Seele. Prinzipiell kann dieser Astralkörper wieder reinkarnieren, man kann jedoch nicht sagen, dass die Identität erhalten geblieben wäre. Es ist ein neues Wesen entstanden, welches nur einige Erinnerungen eines anderen Wesens übernommen hat.

XI.

MORAL, ASKESE UND IMMORTALITÄTSTRAINING

Nachdem ich dieses Buch schon fertig geschrieben hatte, wurde ich darauf aufmerksam gemacht, dass über die Notwendigkeit des moralischen Gutseins und der Askese viel Verwirrung in den Köpfen der Menschen herrscht. Deshalb dazu noch einige Worte.

Absolute moralische Wahrheiten sind Immortalisten genausowenig zugänglich wie irdischen Philosophen. Es gibt jedoch moralische Notwendigkeiten, moralische Gebote, die eingehalten werden müssen, wenn man sich entwickeln will. An erster Stelle steht eine fast triviale Einsicht: Menschen werden nur durch Menschen zu Menschen.

Das Gleiche gilt für Immortalisten. Ohne ein geeignetes soziales Umfeld läuft gar nichts. Kommunikation mit gleichwertigen Intelligenzen ist für jede Entwicklung unabdingbar.

Auf der Astralebene tritt das noch deutlicher zutage, als in einer materiellen Umwelt. Die Astralebene ist instabiler, als die materielle, deshalb kann man sich viel weniger auf individuelle Erfahrungen verlassen und es ist auch kaum möglich, allgemeine Gesetze zu formulieren. Etwas überspitzt - und wissenschaftlicher - formuliert könnte man sagen: Irdische Wissenschaft strebt nach abstrakter Erkenntnis universeller Gesetze, astrales Wissen besteht im intuitiven Erfassen fluktuierender Singularitäten (einzigartige Ereignisse).

Bedingt durch die große Täuschungsanfälligkeit individueller Erfahrungen kommt dem Konsens, also der kommunikativen Übereinstimmung, ein sehr viel größerer Stellenwert zu als unter materiellen Erkenntnisbedingungen. Der einsame Forscher mag auf Erden Erfolge haben, die Verhältnisse sind stabil genug. In der Astralebene führt einsames Forschen zwangsläufig in den halluzinatorischen Irrgarten selbsterzeugter Wahngebilde, sodass die Umwelt des Forschers zum Spiegel seiner Innenwelt wird und er sich selbst in und durch sich selbst gefangen hält.

Ist dies einmal erkannt, so ergibt sich ein moralisches Gebot, ähnlich dem von Immanuel Kant formulierten kategorischen Imperativ. Eine bekannte alltagssprachliche Formulierung lautet: Was du nicht willst, das man dir tut, das füg auch keinem anderen zu! Man billigt also jedem anderen die gleichen Rechte zu, wie sich selbst.

Für Sterbliche scheint folgender - provisorischer Imperativ (PI) - brauchbar: Handle so, dass die Regel deines Handelns jederzeit zugleich als paradigmatisches Beispiel einer allgemeinen Handlungsregel zum Erreichen der Unsterblichkeit gelten könnte.

Frage dich einfach: Wenn jeder genauso handeln würde, würde ich dann die Unsterblichkeit erreichen? Kannst du diese Frage bejahen, dann handelst du richtig. Der Einschub „zum Erreichen der Unsterblichkeit" kann, wenn diese erreicht ist, durch das nächste Ziel, z.B. Selbsterkenntnis, Wahrer Wille etc., ersetzt werden.

Sicherlich wirft der PI komplexe, theoretische Probleme auf - praktisch ist er jedoch meist sehr leicht anwendbar, insbesondere, wenn akzeptiert wird, dass aus dem PI folgende Zusatzregeln folgen:

- Konflikte bezüglich der Auslegung des PI werden nicht mit Gewalt, sondern durch gemeinsame Beratung aller Betroffenen gelöst.
- Auf ähnliche Situationen werden ähnliche Regeln angewandt.

Als Basisorientierung für moralisches Verhalten ist der PI mit den beiden Zusätzen ausreichend. Weitere moralische Regeln, z.B. über Keuschheit, Frömmigkeit, Verehrung etc. sind zum Erlangen von Unsterblichkeit und Selbsterkenntnis unnötig.

Damit kommen wir zur Frage der Askese. Auch, wenn keine weiteren moralischen Regeln gebraucht werden, so doch pragmatische. Pragmatische Regeln beantworten die Frage: Wie muss gehandelt werden, damit ein Ziel erreicht wird?

Wer schreiben lernen will, muss sich z.B. einen Lehrer suchen, der schreiben kann. Er muss dessen Erklärungen und Anweisungen folgen und die verlangten Übungen machen. All dies jedoch nur, soweit Anweisungen und Übungen das Erreichen des Zieles, hier schreiben lernen, fördern und bis es erreicht ist.

Bei der Unsterblichkeit ist es ähnlich. Dein Lehrer muss ein Immortalist sein, denn nur ein Immortalist kann wissen, wie man unsterblich wird. Dieser Lehrer ist weder heilig, noch ein Guru, noch sonstwie verehrungswürdig. Er ist einfach jemand, der dir sagen kann, was getan werden muss.

Einige der Übungen, die er dir aufgibt, ähneln Übungen, welche als Askese bekannt sind. Jedoch sind die Gründe, welche für Askese angegeben werden, andere als die, aus welchen du diese Übungen machen solltest.

Es gibt z.B. Askese-Regeln wie: Trenne dich von irdischen Besitztümern, faste, ziehe dich in die Einsamkeit zurück etc. Betrachten wir das aus der Perspektive des Immortalitäts-Trainings. Um den Astralkörper lösen zu können, musst du aufhören, dich mit deinem sozialen Umfeld oder deinem irdischen Körper zu identifizieren. Dein Immortalitäts-Trainer könnte dir z.B. sagen:

A. Du bist ein einzigartiges Individuum, identifiziere dich nicht mit den an dich gerichteten sozialen Erwartungen.

B. Du bist nicht dein materieller Körper, identifiziere dich nicht mit seinen Trieben!

Damit du dies lernst, könnte er dir z.b. Übungen aufgeben wie:

A. Um Distanz zu den sozialen Konditionierungen zu gewinnen:

- Zieh dich einige Zeit in die Einsamkeit zurück.
- Ändere für einige Zeit bestimmte Verhaltensweisen.
- Gebrauche für einige Zeit ein bestimmtes Wort nicht mehr.
- Lies eine Einführung in Sozialpsychologie.

B. Um Distanz zur Identifikation mit deinem materiellen Körper zu gewinnen:

- Faste eine festgesetzte Zeit.
- Iss Speisen, welche dir nicht schmecken und finde heraus, dass sie schmecken.
- Betreibe eine bestimmte Sportart.
- Ändere deine sexuellen Vorlieben.

Dies sind Aufgaben, welche in verschiedenen Traditionen als Askese-Übungen bekannt sind. Aber du wirst durch diese Übungen nicht heiliger, sondern sie dienen einfach dem Zweck, das Lösen des Astralkörpers vorzubereiten.

Und nun?

Du kannst nun entscheiden, wie du dein weiteres Leben gestalten willst. Denke in Ruhe darüber nach und wähle deinen Weg. Heute ist der erste Tag vom Rest deines Lebens!

Literaturverzeichnis

Empfohlene Literatur zur Vertiefung und zu weiteren Studien über Möglichkeit und Wege zur Unsterblichkeit.

Apel, Karl Otto: Der Denkweg von Charles S. Peirce. Eine Einführung in den amerikanischen Pragmatismus, Suhrkamp 1975

Berger, Peter L. und Luckmann, Thomas: Die gesellschaftliche Konstruktion der Wirklichkeit. Eine Theorie der Wissenssoziologie, Fischer 1982

Crowley, Aleister: Liber Al vel Legis. Das Buch des Gesetzes, Kersken Canbaz 1982

Crowley, Aleister: Magick (2 Bde.), Kersken Canbaz 1989

Lowen, Alexander: Bioenergetik, Scherz 1976

Lowen, Alexander: Körperausdruck und Persönlichkeit, Kösel 1981

Luhmann, Niklas: Soziale Systeme. Grundriss einer allgemeinen Theorie, Suhrkamp 1987

Machleidt, W., Gutjahr, L. und Mügge, A.: Grundgefühle: Phänomenologie Psychodynamik EEG-Spektralanalytik, Springer 1989

Peirce, Charles S. : Semiotische Schriften (3 Bde.), Suhrkamp 1986

Peirce, Charles S. : Naturordnung und Zeichenprozess. Schriften über Semiotik und Naturphilosophie, Suhrkamp 1991

Rapoport, Anatol: Philosophie heute und morgen. Einführung ins operationale Denken, Darmstädter Blätter 1970

Reiter, Ludwig und Steiner, Egbert: Zum Verhältnis von Individuum und sozialem System: Hierarchie, strukturelle Kopplung oder Interpretation, 1986. PDF Dokument online verfügbar

Rusch, Gebhard: Erkenntnis, Wissenschaft, Geschichte: Von einem konstruktivistischen Standpunkt, Suhrkamp 1987

Sannella, Lee: Kundalini Erfahrung und die neuen Wissenschaften, Synthesis 1989

Simon, Fritz B.: Lebende Systeme: Wirklichkeitskonstruktion in der systemischen Therapie, Suhrkamp 1988

von Foerster, Heinz: Sicht und Einsicht. Wissenschaftstheorie, Wissenschaft und Philosophie, Vieweg + Teubner 1985

Bildnachweise

Umschlag: © Misha - Fotolia

15 © benqook - Fotolia, 19 © Christian Müller - Fotolia, 23 © Dominik Knippel, de:Niedernberg, 37 © jozefklopacka - Fotolia, 51, 141 © rolffimages - Fotolia, 59 © psdesign1 - Fotolia, 69 © Antonioguillem - Fotolia, © 89 agsandrew - Fotolia, 131 © Elena Ray - Fotolia

AUS UNSEREM VERLAGSPROGRAMM

netzfänge

Die Bedeutung des
Internet für das
Neue Zeitalter
Eschner/ Gierdahl

**Tantra und Sexual-
magie**

Die geheimen Un-
terweisungen des
Tieres 666
Michael D. Eschner

**Thelema in 100
Jahren**

Demokratie u. Philo-
sophie sind am Ende.
Wie geht es weiter?
Eschner/ Gierdahl

Thelema Fibel

Lese-Lern-Buch für
spirituell Suchende
Michael D. Eschner

**Wiederkehr der
Götter**

Vorträge zum Was-
sermannzeitalter
Knut Gierdahl

**ABRAHADABRA:
Das AHA Jahrbuch**

Das beste Magie-
Magazin im Reprint
Knut Gierdahl (Hg.)

Weitere Titel aus unserem Programm finden Sie auf der
Verlags–Website: www.multiwelt–verlag.de

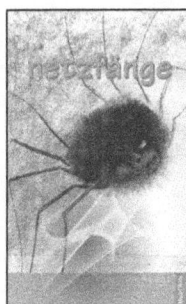

www.ingramcontent.com/pod-product-compliance
Lightning Source LLC
LaVergne TN
LVHW011237080426
835509LV00005B/540